当代人力资源管理系列教材同步综合练习

工作分析
同步综合练习

李 强 主编

科学出版社
北 京

内　容　简　介

本书是为了配套当代人力资源管理系列教材《工作分析：理论、方法与应用》而编写的教学练习册。编写的目的是帮助读者总结和巩固工作分析的课程知识，提高读者的应试能力。全书依据工作分析考试大纲，按最新体例分章节进行编写，并编写多套全真模拟演练题，便于读者自测知识掌握情况，更加扎实地掌握学习内容。

本书可作为高等教育自学考试“工作分析”课程配套用书，也可作为普通高等院校经济管理类学生的学习参考书。

图书在版编目(CIP)数据

工作分析同步综合练习/李强主编．—北京：科学出版社，2016.1

当代人力资源管理系列教材同步综合练习

ISBN 978-7-03-046621-1

Ⅰ．①工…　Ⅱ．①李…　Ⅲ．①人力资源管理-高等学校-习题集　Ⅳ．①F241-44

中国版本图书馆 CIP 数据核字（2015）第 297581 号

责任编辑：王京苏／责任校对：胡小洁

责任印制：赵　博／封面设计：蓝正设计

科学出版社出版

北京东黄城根北街 16 号

邮政编码：100717

http://www.sciencep.com

北京华宇信诺印刷有限公司印刷

科学出版社发行　各地新华书店经销

*

2016 年 1 月第　一　版　开本：787×1092　1/16

2025 年 6 月第十三次印刷　印张：10

字数：237 000

定价：38.00 元

（如有印装质量问题，我社负责调换）

编写说明

本书是为了配套当代人力资源管理系列教材《工作分析：理论、方法与应用》而编写的教学练习册。工作分析作为广东省高等教育自学考试人力资源管理（本科）专业必考的专业课，是为了培养和检验自学应考者的工作分析的基本理论、基本知识和基本技能而设置的一门基础课。本门课程所使用的教材为李强主编，科学出版社 2015 年 4 月出版的《工作分析：理论、方法与应用》。

编写依据：

1. 广东省高等教育自学考试指导委员会颁布的《工作分析自学考试大纲》；

2. 广东省高等教育自学考试指导委员会指定教材《工作分析：理论、方法与应用》(科学出版社，李强主编)。

本书的特点：

1. 以考试大纲规定的考试内容、考核知识点和考核要求为线索，按最新体例分章节进行编写。每章均列有考核内容，并将每一章节可能出现的考核知识按考试题型编写练习题，以便考生扎实、准确地掌握本章内容。

2. 本书含多套全真模拟演练题，贴近全真试题，命题科学，解答准确，便于考生模拟考试、自测知识掌握情况。

书中难免有不足和纰漏，恳请读者批评指正。

《工作分析》编写小组

2015 年 12 月

目　录
Contents

第1章 工作分析导论

考核内容

工作分析是人力资源管理的基础工作，是人力资源管理科学化、规范化的基础和前提。本章主要考核内容有：工作分析的基本概念、工作分析的原则和内容、工作分析的意义与工作分析产生和发展的过程，领会工作分析是企业人力资源管理的基础。

一、工作分析的概念

工作分析是指将企业中所有工作按其性质（如任务的繁简难易程度、责任大小、所需的资格条件等）进行分析比较，制定出工作说明书等人事管理文件，并根据一定的标准和程序进行归类，以作为招聘、考核、培训、晋升、确定薪酬的基本依据。

任务是实现某一特定目的所从事的具体活动。

职责是指由一名员工承担的各项任务组成的工作活动。

岗位是在一定的时间内，企业中由特定人员所承担的一项或多项职责的集合。

工作是一组主要职责相近的岗位的集合。

职业是指人们参与社会分工，用专业的技能和知识创造物质或精神财富，获取合理报酬的一项工作。

二、工作分析的意义

（一）工作分析是企业人力资源管理的基础

工作分析在企业人力资源管理中的基础地位主要表现在以下几个方面：①使人力资源规划更为准确；②使工作职责更加明确；③使工作设计更加合理；④使人事管理更加科学。

（二）工作分析在人力资源管理中的应用

工作分析在人力资源管理中的应用包括工作设计与再造、任职资格确认、员工招聘、员工培训、绩效评价、薪酬管理、人力资源规划、职业生涯规划和劳动安全。

三、工作分析的原则和内容

（一）工作分析的原则

工作分析主要遵循的基本原则有系统性原则、动态性原则、能级原则、标准化原则和最优化原则。

系统是指由一群有关联的个体组成，根据预先编排好的规则工作，具有特定结构和功能，能完成个别元件不能单独完成的工作的群体。

动态性原则要求将环境变化因素、企业战略及特定工作的未来发展趋势纳入工作分析当中，以期充分适应企业的未来发展和需求。

能级代表着岗位在企业中的相对价值。岗位的功能越大、地位越重要，其能级就越高，体现在企业中的相对价值就越大。

标准化原则指的是工作分析的内容、方法、程序、因素、指标的标准化，并且在工作分析基础上形成的人事管理文件也要标准化。

最优化原则又称为经济性原则，不但是指工作分析方法、程序在成本-效益方面最优化，而且也要求岗位设置、岗位职责的分配最优化，实现企业资源的最高效率的优化配置。

（二）工作分析的内容

工作分析的内容包括工作职责分析、工作流程分析、工作权限分析、工作关系分析、工作环境条件分析和任职资格条件分析。

重点和难点

本章的重点是工作分析的原则及其含义，以及工作分析的内容。难点是理解工作分析是企业人力资源管理的基础。

同步综合练习题

一、单项选择题

1. 在一定的时间内，企业中由特定人员所承担的一项或多项职责的集合是（　　）。
A. 任务　　B. 职责
C. 岗位　　D. 职业
2. 一组主要职责相近的岗位的集合是（　　）。
A. 职业　　B. 工作
C. 职权　　D. 职责
3. 在一个组织内，岗位的功能越大，其能级就越（　　）。
A. 复杂　　B. 高
C. 简单　　D. 低
4. 企业中各个岗位功能的等级是（　　）。
A. 系统　　B. 能级
C. 标准化　　D. 最优化
5. 企业中的成员为了完成某一特定任务所需要做的一系列相关工作是（　　）。
A. 工作职责　　B. 工作流程
C. 工作关系　　D. 工作环境
6. 人力资源管理的基础和前提是（　　）。
A. 人力资源规划　　B. 员工招聘
C. 工作分析　　D. 薪酬管理
7. 确定任职资格的依据是（　　）。
A. 工作职责　　B. 工作流程
C. 工作权限　　D. 工作关系
8. 企业中的工作再设计过程目的是满足（　　）。
A. 员工对物质报酬的需要　　B. 员工对其事业成就的需要
C. 提高工作的吸引力　　D. 提高工作效率
9. 人力资源规划成功的关键在于（　　）。
A. 工作岗位分析到位
B. 确保有合适数量的员工
C. 合理预测未来的人力资源供给状况
D. 完善的人力资源储备制度
10. 科学的工作分析最早是从（　　）开始的时间研究和动作研究。
A. 泰勒　　B. 闵斯特伯格
C. 摩利斯·威斯利　　D. 巴鲁斯
11. 伴随着（　　）的编制完成，工作分析逐渐成为基础的人力资源管理工具并在西方企业界得到广泛应用。
A.《就业指导词典》　　B.《职业编码表》

C.《职业名称词典》　　D.《职业大辞典》

12. “工作分析问卷法”是由（　　）开发的。

A. 赛迪·范　　B. 麦考密斯

C. 约翰·C. 弗莱内根　　D. 美国空军人力资源研究室

13. 工作分析与工作评价制度首先在（　　）领域得以推广应用。

A. 政府部门　　B. 军队

C. 工商企业　　D. 教育领域

14. 以下说法正确的是（　　）。

A. 工作要素法是一种封闭式的工作分析系统

B. 工作要素法是以工作任务为中心的工作分析系统

C. 工作分析问卷法是用以人为中心的工作要素来确定工作任职要求的

D. 任务清单法的评价基础是“相对时间花费”

15. 我国的工作分析起源于（　　）。

A. 管理学研究　　B. 经济学研究

C. 社会学研究　　D. 人事心理学研究

二、多项选择题

1. 工作分析要遵循的基本原则是（　　）。

A. 系统原则　　B. 能级原则

C. 动态原则　　D. 标准化原则

E. 最优化原则

2. 一个岗位能级的高低是由它在企业中的（　　）等因素决定的。

A. 工作时间　　B. 工作性质

C. 任务繁简难易　　D. 承担责任大小

E. 劳动强度

3. 对任职者的资格条件分析包括（　　）。

A. 经验　　B. 技能

C. 教育　　D. 培训

E. 心理及生理因素

4. 工作分析的内容有（　　）。

A. 工作职责分析　　B. 工作流程分析

C. 工作权限分析　　D. 工作关系分析

E. 工作环境条件分析

5. 最常见的工作分析技术系统方法主要有（　　）。

A. 工作分析问卷　　B. 任务清单分析系统

C. 访谈法　　D. 能力需求分析系统

E. 关键事件分析技术

6. 工作再设计的方法包括（　　）。

A. 工作轮换　　B. 工作扩大化

C. 工作丰富化　　　　　　　　　　D. 工作扁平化
E. 弹性工作

7. 工作分析的意义在于（　　）。
A. 工作分析是企业人力资源管理的基础
B. 工作分析为企业各项管理活动指明方向
C. 通过工作分析能够满足员工成长的需要
D. 通过工作分析能够满足企业成长的要求
E. 工作分析可以帮助企业提高效率

三、简答题

1. 简述工作分析要遵循的原则。
2. 工作分析在企业人力资源管理中的基础地位主要表现在哪些方面？
3. 简述工作分析的内容。
4. 简述我国的工作分析还存在的问题。

四、案例分析

“王强，我一直想象不出你究竟需要什么样的操作工人。”江山机械公司人力资源管理部负责人李进说，“我已经给你提供了 4 位面试人选，他们好像都还满足工作说明书中规定的要求，但你一个也没有录取”。

“什么工作说明书？”王强答道，“我所关心的是找到一个能胜任那份工作的人。但是你给我提供的人都无法胜任，而且我从来就没有见过什么工作说明书”。

李进递给王强一份工作说明书，并逐条解释给他听。他们发现，要么是工作说明书与实际工作不相符，要么是工作说明书没有及时更新，实际工作有了很大变化。例如，工作说明书中说明了有关老式钻床的使用经验，但实际工作中使用的是一种新型数字式钻床。为了有效地使用这种新机器，工人们必须掌握更多的数字知识。

听了王强对操作工人必须具备的条件及应当履行职责的描述后，李进说：“我想我们现在可以写一份准确的工作说明书，以其为指导，我们就能找到适合这项工作的人。让我们以后加强工作联系，这种情况就不会再发生了。”

思考题：

1. 王强认为人力资源部找来的 4 位面试人选都无法胜任，根本原因在哪里？
2. 该案例说明了什么问题？

参考答案

一、单项选择题

1. C　2. B　3. B　4. B　5. B

6. C	7. A	8. B	9. A	10. A
11. D	12. B	13. C	14. D	15. D

二、多项选择题

1. ABCDE	2. BCDE	3. ABCDE	4. ABCDE
5. ABDE	6. ABCE	7. ABCDE	

三、简答题

1. 工作分析要遵循的原则有系统原则、动态原则、能级原则、标准化原则和最优化原则。

系统原则就是每一个岗位进行分析时都要将其放在企业系统中去考虑，从总体的相互联系上进行系统性分析研究，在职能分解的基础上进行岗位设置和工作分析。动态原则要求将环境变化因素、企业战略及特定工作的未来发展趋势纳入工作分析当中，以期充分适应企业的未来发展和需求。能级代表着岗位在企业中的相对价值。岗位的功能越大、地位越重要，其能级就越高，体现在企业中的相对价值就越大。标准化要求建立一个统一的标准，从而能够对任职人员进行公平、公正的管理。最优化原则又称为经济性原则，不但是指工作分析方法、程序的在成本-效益方面最优化，而且也要求岗位设置、岗位职责的分配最优化，实现企业资源的最高效率的优化配置。

2. 工作分析在企业人力资源管理中的基础地位主要表现在以下几个方面：①使人力资源规划更加准确。工作分析可以为人力资源规划提供必要的信息，提高人力资源规划的准确性。②使工作职责更加明确。工作分析能让管理者和员工更加清楚地了解到工作岗位的职责范围和需要完成的工作任务。③使工作设计更加合理。为了增强员工对工作的兴趣和热情，应该根据员工和工作岗位的需要对工作设计进行改进。④使人事管理科学化。人力资源管理过程包括岗位设计、招聘、配置、培训、考核、薪酬等环节。工作分析能够提供管理过程中所必要的信息，从而提高人事管理的科学化水平，使管理过程更加有效率。

3. 工作分析的内容包括工作职责分析、工作流程分析、工作权限分析、工作关系分析、工作环境条件分析和任职资格条件分析。

工作职责是指一个岗位所要求的需要去完成的工作内容及应当承担的责任范围。工作流程是指企业中的成员为了完成某一特定任务所需要做的一系列相关工作。工作权限分析应该根据责权对等的原则，核查任职者是否具备完成工作任务所需要的权限。各个岗位必须明确与其他岗位的协作关系，尤其是其上下级岗位的关系。工作环境条件是指劳动者从事生产劳动的外部环境条件。对任职者的资格条件分析包括经验、技能、教育水平、培训、心理及生理因素等。

4. 我国的工作分析存在的问题有：缺乏详细科学的岗位分类，导致企业内普遍存在职责不清、分工不明、权利与责任相分离、工作与利益相脱节等现象；企业管理远未达到规范化和科学化水平，普遍缺乏工作分析；工作分析理论和方法的研究落后等。

四、案例分析

1. 从本案例中看到实际工作情况发生了变化，“工作分析”这项工作没有跟上去，导致工作说明书没有进行相应调整，使操作工人的任用条件与实际要求不符，直接导致来应聘的员工都无法胜任工作，招聘失败，导致新机器闲置，成本加大。这也说明了工作分析需要遵循动态原则，要将变化因素纳入到工作分析中去。

2. 该案例说明了工作分析是员工选聘的依据。工作分析可以确定企业空缺岗位所需承担的工作任务和任职者的任职资格，为企业招募和筛选新员工提供客观依据，并为招聘过程的测试内容和方式的选择提供参考。选择有效的测试内容和测试方式能够让企业预测应聘者的能力，避免招聘的盲目性，降低招聘成本和由招聘不当造成的损失。

第2章 工作分析方法

考核内容

科学的工作分析方法是工作分析成败的关键，对工作分析结果的科学性、规范性和有效性有着重要影响。本章主要考核内容有：明确各种工作分析方法的概念，掌握各种工作分析方法的优缺点，领会并运用掌握各种工作分析方法的操作流程，关注各种工作分析方法运用时应注意的问题。

一、传统工作分析方法

传统工作分析方法主要有访谈法、问卷法、观察法、工作日志法、主管人员分析法、资料分析法和主题专家会议法。

（一）访谈法

访谈法又称为面谈法，是指工作分析人员就某一职务或者职位面对面地询问任职者、主管、专家等对工作的意见和看法，是目前企业运用最广泛、最成熟并且最有效的工作分析方法。

访谈法的优点是操作简单、灵活性强、方便搜集深层次信息和有利于工作分析的开展。但是，访谈法对访谈者技巧要求高、工作成本较高，而且易受个人因素影响。

访谈法的工作分析程序分为准备阶段、实施阶段和整理阶段三个阶段，运用访谈法时需要注意：①在访谈时要尊重被访谈者，接待要热情，态度要诚恳，注意说话方式，事先要与被访谈者坦诚交流，打消被访谈者的各种疑虑；②在访谈开始之前加强与主管领导的沟通，找到最了解工作内容和最能客观描述自身职责的员工，提高访谈效率；③安排的访谈时间和地点要恰当，不能过多地影响被访谈者的正常工作与休息，访谈的环境与气氛不能过于拘束，应当营造一种轻松愉快的氛围；④在向被访谈者介绍工作分析及访谈目的时，尽可能避免反复提及访谈者不了解或不感兴趣的话题；⑤在访谈中应把握好提问的技巧，所提的问题要有针对性，语言表达清晰明确、通俗易懂；⑥访谈中应该注意将封闭式问题与开放式问题相结合，以尽可能获得更多有效的信息；⑦两人或两人以上访谈时，注意确定主问人和次问人，分工合作，思路统一；⑧访谈结束后将所记录的信息请被访谈者审阅，确保记录的信息无偏差和遗漏。

（二）问卷法

问卷法是让被调查的与工作分析相关的任职人员以填写调查问卷的形式回答有关工作岗位问题，从而获取相关工作信息的工作分析方法。问卷法的操作简单、成本较低，是目前最常用的一种工作分析方法。

问卷法按照问卷设计的形式可以分为开放式问卷、封闭式问卷和混合式问卷。问卷法的优点是节约时间和成本、对正常工作的影响较小、适用性广泛和数据处理方便。问卷法的缺点是问卷设计难度较大、可控性较差、不易获取深层次信息、不适用于对文字理解能力和表达能力较差的人群。

运用问卷法时需要注意的问题有：①问卷中的问题要具体、有针对性，语言应简明、清晰、易懂，必要时可附加说明，提问的形式要多样化并按一定的逻辑次序排列；②在问卷调查前与被调查者进行沟通，说明问卷调查的目的和填写规范，提高被调查者对问卷的理解程度；③严密控制问卷调查过程，及时收回完成填写的问卷，避免丢失，并将反馈的信息与被调查者的主管人员进行沟通，确保问卷搜集信息的真实性与准确性。

（三）观察法

观察法是指工作分析人员直接到工作现场，针对特定对象的作业活动观察、搜集和记录有关工作信息，并进行分析和归纳总结的方法。观察法适用于周期性、重复性较强的工作，可以进一步分为直接观察法、阶段观察法和工作表演法三种。

观察法的优点主要有：第一，获得的信息较客观；第二，可以搜集更多的细节信息；第三，操作简单。观察法的缺点主要有：第一，获得的信息有限；第二，易受人为因素的影响；第三，耗时较长，成本较高。

运用观察法时需要注意：①所观察的工作应该相对静止，即在一段时间内，工作内容、工作程序和对工作人员的要求等不会发生明显变化；②所观察工作行为应该具有代表性，注意分辨在观察过程中人为表现出来的工作行为，而不是机械地记录，注意对工作信息进行比较和提炼；③观察前应当制订详细的工作计划，准备好观察提纲，使观察工作有序进行；④观察人员在观察室尽量不要引起被观察者的注意，避免干扰被观察者的正常工作，应当在适当的时候以适当的方式将自己介绍给被观察人员；⑤注意将观察法与其他工作分析方法结合使用，避免重要工作信息的遗漏。

（四）工作日志法

工作日志法又称工作写实法，是指任职者按时间顺序详细记录自己的工作内容与工作过程，然后经过归纳和总结实现工作分析目的的一种方法。

工作日志法的优点是信息可靠性高、所需费用较少。但是，工作日志法对被调查者的要求较高、后期整理工作量大、信息容易缺失。

运用工作日志法时需要注意：①工作日志要随身携带，避免丢失，每天按工作活动发生顺序及时填写；②要严格按照表格要求进行填写，不要有遗漏，以保证信息的完整性；③要认真填写有关工作情况，提供真实的信息；④加强事前培训、过程指导和中期辅导，以削弱信息交流的单向性，提高被调查者积极性；⑤任职者一般有夸大自己工作量和工作难度的倾向，工作分析人员要对调查对象所填写的内容保持怀疑的态度，并加强监督。

（五）主管人员分析法

主管人员分析法是由主管人员在日常工作中记录与分析所管辖人员的工作任务、责任与要求的一种方法。

主管人员分析法最大的优点是记录方便，他们经常与所分析的工作打交道，对这些工作非常了解，尤其对以前从事过这些工作的人来说，他们对被分析的工作有着较为深刻的理解，对岗位所要求的工作技能的鉴别与确定也比较了解，分析的目的更明确、更深入。主管人员分析法的缺点在于主管人员的分析可能存在一些偏见，尤其是那些只干过其中一部分工作的主管人员，他们往往偏重于所从事过的那部分工作，而不能全面认识整个工作。

由于主管人员的分析可能存在一些偏见，一般将主管人员分析法与工作日志法结合起来进行工作分析，以避免因主管人员的工作经验所造成的偏差。

（六）资料分析法

资料分析法又称文献分析法，是指在现有资料的基础上对每个工作岗位的任务、责任、权力、工作负荷和任职资格等进行系统性分析、提炼和加工来获取工作信息的工作分析方法。

资料分析法的优点是分析成本低、工作效率高，因为资料分析法利用的都是现有资料，这些基础资料信息能够为进一步工作分析提供参考，是合理和有效利用现有资源的一种方法。一般来说，通过资料分析法获得的信息往往不够全面，尤其是对管理制度不完善的小型企业而言，该工作分析方法不能搜集到及时的和有效的岗位信息，需要与其他工作分析方法结合起来使用。

在运用资料分析法时常常结合其他工作分析方法一起分析，批判地吸收企业现有资料中的与工作分析相关的信息，切记先入为主，让错误的信息影响工作分析结果。

（七）主题专家会议法

主题专家会议法（subject matter experts meeting，SMEM）通常指与熟悉目标职位的组织内部任何外部人，包括任职者、直接上司、曾经任职者、内部客户、其他熟悉目标职位的人，以及咨询专家、外部客户、其他组织标杆职位任职者集思广益的过程。一般来说，主题专家会议法可以分为四种形式：专家会议调查法、头脑风暴法、个人判断法和集体判断法。

主题专家会议法的优点是操作简单，成本低，可运用于工作分析的各个环节，可用于定量估计。但是，主题专家会议法结构化程度低，缺乏客观性，常常受到参会专家的知识水平及相关工作经验的制约。

二、现代工作分析方法

按照工作分析的侧重点不同，现代工作分析方法可以分为工作导向型工作分析方法和人员导向型工作分析方法两大类。工作导向型工作分析方法侧重于分析提供产品和服务所需要的任务和行为，以工作本身作为工作分析的出发点和落脚点，即把工作分析的目的直接对准工作目标、任务和其他有关工作实质性特征的事项，如关键事件法、职能工作分析法、任务清单分析法等。人员导向型工作分析方法强调成功完成工作任务和行为所需的个体工作者的知识、经验、技能、能力、天赋和性格特征等，把任职者作为工作分析的研究对象，即通过了解任职者的潜质、能力和执行工作过程中表现出来的特征来获得工作信息，如职位分析问卷法、管理职位分析问卷法、工作要素法、临界特质分析法、能力要求法等。

（一）关键事件法

关键事件法（critical incidents technique，CIT）是一种由工作分析专家、管理者或工作人员在大量收集与工作相关信息的基础上详细记录其中关键事件及具体分析其岗位特征和要求的工作分析方法。

关键事件法的优点是：第一，应用广泛；第二，准确度高。关键事件法的缺点是：第一，费时费力；第二，对中等绩效的员工关注不够。

运用关键事件法时需要注意：①在讨论选取关键事件的范例时要注意强调关键事件的编写标准，采取合适的方法获取关键事件范例；②在利用访谈法来获取关键事件范例时要创造较好的环境，如保密、安静等，防止与被访谈者的交流被打断，让被访谈者感觉舒适和放松；③访谈开始前应首先介绍工作分析的目的，展示一些范例，并解释这些范例是如何产生、编辑，以及如何转化为标准格式的；④访谈时尽量使用类似于“怎样”“为什么”

等开放性问题，避免直接可以用“是”或“否”回答的问题；⑤被访谈者在描述行为发生的环境、反应和结果时，访谈者应该进行详细记录，必要时问一些探索性的问题来获取补充的信息。

（二）职能工作分析法

职能工作分析法（functional job analysis，FJA）又称功能性工作分析法，是用于描述工作中的人、数据资料及物品等的特性，并在此基础上编写工作描述、工作说明书和工作规范的一种工作分析方法。

职能工作分析法的优点是：第一，任务描述详细；第二，等级划分清楚。职能工作分析法的缺点是：第一，费时费力；第二，缺乏背景信息；第三，操作复杂，难以把握。

运用职能工作分析法时需要注意：①工作分析人员应该尽可能准备一些在职能工作分析格式下可得的信息，如果不能准备所有信息，也可以说明在哪些方面需要补充信息和向主题专家演示这部分信息；②同主题专家小组会谈的会议室选址要尽可能离工作地点远一点，把对工作的影响减小到最小；③工作分析所列出的任务应能覆盖工作所含工作任务的95%以上，并确信没有遗漏重要的任务项；④任务库即将完成之时，应该抄录一份给主题专家小组做最后的修改，纠正其中的不当之处。

（三）任务清单分析法

任务清单分析法（task inventory analysis，TIA）一般由两个子系统构成：一个是用于搜集工作信息的一套系统方法、技术；另一个是与信息搜集方法相匹配的用于分析、总结和报告工作信息的计算机应用软件。任务清单分析法的调查对象一般是某一职业领域的任职者或其直接管理者。

任务清单分析法的优点是：第一，信息可靠性较高；第二，所需费用较少；第三，难度较小，可操作性强。任务清单分析法的缺点是：第一，对任务的定义难以把握，导致任务的划分缺乏明确具体的标准；第二，使用范围较小，只适用于工作周期较短、工作内容比较稳定和变化较小的工作；第三，整理信息工作量大，归纳工作比较烦琐；第四，任职者容易受到近期工作的影响，忽略其他时间进行的重要工作任务。

运用任务清单分析法时需要注意：①确定调查范围和对象时，注意根据调查研究的目的选择使用的方法和可行的方案；②如果是集体调查就由调查者本人发放及回收问卷，如果是单独调查就最好通过正式的组织或渠道发放和回收问卷；③如果需要保密，可以随附信封，问卷填好后装入信封，密封后再收上来；④有关工作执行与否和持续时间的信息最好由工作执行者本人提供，而类似于工作重要程度和困难程度等方面的任务评价信息最好由工作经验丰富的管理者提供。

（四）职位分析问卷法

职位分析问卷法（position analysis questionnaire，PAQ）包括194个工作要素，其中187项用来分析完成工作过程中员工活动的特征，归类为信息来源、体力活动、智力过程、人际关系、工作环境和其他职位特征6个维度，另外7项涉及薪酬问题。通过对这6个维度的工作要素进行评价，可以反映目标职位在各个维度上的特征。

职位分析问卷法的优点是：第一，同时考虑员工与工作两个变量因素；第二，将工作分为不同的等级，用于进行工作评估及人员甄选；第三，不需要修改就可用于不同组织、不同工作，所以比较各组织间的工作更加容易。职位分析问卷法的缺点是：第一，耗时；第二，对工作分析人员的要求较高，需要由受过专业训练的工作分析人员填写问卷；第三，工作特征抽象，不能描述实际工作中特定的、具体的任务活动。

运用职位分析问卷法时需要注意：①熟悉组织环境并赢得组织管理层的支持，是职位分析问卷法进行工作分析必不可少的一部分；②当使用任职者作为分析人员时，除提供正式培训以外，还可以召开一个小组会议，会议由专业职位分析人员牵头，提供职位分析相关操作指导和建议。

（五）管理职位分析问卷法

管理职位分析问卷法（management position description questionnaire，MPDQ）是一种结构化的、以工作为基础、以管理型职位为分析对象用于评价管理者工作的工作分析方法，适用于不同组织、不同层级管理岗位的分析。

管理职位分析问卷法通过收集和评价与管理职位相关的活动、联系、决策、人际交往和能力要求等方面的信息，再经特定的计算机程序加以分析，以制作与工作相关的各种有针对性的个性化信息报告，为人力资源管理提供信息支持。

管理职位分析问卷法的优点是：第一，针对性强；第二，受主观因素的影响小。管理职位分析问卷法的缺点是：第一，成本较高，投入较大；第二，由于管理工作的复杂性，难以深入分析所有类型的管理工作。

运用管理职位分析问卷法时需要注意：①管理工作要素通常为薪酬管理人员和招聘人员所用，使他们能很快地从总体上把握工作的内容，同时也为管理者从整体上理解自己职位与其他职位的不同点提供方便；②薪酬专家们应用工作评价因子来确定职位或工作的等级，并最终确定某一管理工作职位的报酬水平。

（六）工作要素法

工作要素法（job element method，JEM）是在德国心理学家 Wilhelm Wundt 所提出的基本原则基础上建立起来的基于工作要素的工作分析方法，对于工作本身来说，其最简单的方面就是组成该工作的各种要素或者成功完成该工作所需具备的人员特征。

工作要素法的优点是：第一，开放性程度高；第二，可靠性高；第三，应用价值高。工作要素法的缺点是：第一，初步确定目标工作的工作要素时，过于依赖工作分析人员来总结要素；第二，评分过程比较复杂，需要强有力的指导与控制；第三，焦点小组成员在工作要素评价时是主观判断，没有一定的客观标准，大大降低了工作分析结果应用在其他人力资源管理职能中的操作性和最终效果。

运用工作要素法时需要注意：①主题专家小组的成员们在提出工作要素时应该从工作的各个方面反复考虑，以确保这些工作要素可以完全覆盖目标工作的要求；②运用焦点小组的方法划分工作分析的维度与子维度时，每个成员应该根据自己的标准独立完成对工作要素的评估；③将子维度归到相应的维度中时，要尽量建立在焦点小组成员意见一致性的基础之上。

（七）临界特质分析法

临界特质分析法（threshold traits analysis system，TTAS）是完全以个人特质为导向的工作分析系统，目的是提供标准化的信息以辨别人们为基本完成和高效完成某类工作分别至少需要具备哪些品质和特征，临界特质分析法称这些品质和特征为临界特质。

临界特质分析法的优点是：第一，分析结果准确；第二，使用范围广泛。临界特质分析法的缺点是：第一，实用性不强；第二，灵活性不高；第三，过于复杂。

运用临界特质分析法时需要注意：①一些后天特征，如受教育程度和工作经验等，并没有列入临界特质分析的特质名单中；②为了与临界特质分析相联系，设计的工作描述问卷既要包括工作任务的描述，还要在每条工作任务描述的结尾标明对应的临界特质分析中的特质名称。

（八）能力要求法

能力要求法（ability requirements approach，ARA）是通过对基础能力描述来反映岗位工作技能要求的工作分析方法。

能力要求法的优点是常用于招聘与选拔人员，尤其是当求职者并不被期望在进入工作门槛时便拥有特定技能的情况下，可以用来进行身体素质标准的确定。由于能力要求法提供了全面的人的能力清单，所以工作分析人员不需要在每一次进行工作分析时都重新从零开始。但是，能力要求法所搜集的信息范围有限，无法提供关于任务与工作背景等方面的信息。

运用能力要求法时需要注意：①选择工作分析项目时应该针对工作岗位特殊性选择特定的工作分析项目；②能力要求法所能获得的信息有限，因此，能力要求法通常要结合其他工作分析方法一起使用。

重点和难点

本章的重点是各类工作分析方法的含义和优缺点。难点是各类工作分析方法的操作流程和运用时应注意的问题。

同步综合练习题

一、单项选择题

1. 工作分析成败的关键是（　　）。
   A. 前期的准备工作　　B. 领导的大力支持
   C. 科学的工作分析方法　　D. 工作分析结果的形成
2. 通过与岗位任职者进行面对面的交谈而搜集工作信息的方法叫（　　）。
   A. 问卷法　　B. 访谈法
   C. 工作日志法　　D. 观察法
3. 让有关人员以书面形式回答有关工作岗位问题的工作分析方法是（　　）。
   A. 问卷法　　B. 访谈法
   C. 工作日志法　　D. 观察法
4. 采用直接观察法进行工作分析时，调查者在（　　）地方观察比较合适。
   A. 引人注意的　　B. 不引人注意的
   C. 隐蔽的　　D. 光线充足的
5. 访谈法适用于（　　）的人群。
   A. 任何　　B. 对文字理解有困难
   C. 有文字理解能力　　D. 有书面表达能力
6. 工作分析人员直接到工作现场，针对特定对象的作业活动观察、搜集和记录有关工作信息，并进行分析、归纳和总结的方法是（　　）。
   A. 问卷法　　B. 访谈法
   C. 工作日志法　　D. 观察法
7. 任职者按时间顺序详细记录自己的工作内容与工作过程，然后经过归纳和分析，实现工作分析目的的方法是（　　）。
   A. 问卷法　　B. 访谈法
   C. 工作日志法　　D. 观察法
8. 由主管人员在日常工作中记录与分析所管辖人员的工作任务、责任与要求的工作分析方法是（　　）。
   A. 主管人员分析法　　B. 访谈法
   C. 工作日志法　　D. 观察法
9. 在现有资料的基础上对每个工作岗位的职责、任务、权利、工作负荷与任职资格等要素进行初步分析，为进一步调查和分析奠定基础的方法是（　　）。
   A. 主管人员分析法　　B. 资料分析法
   C. 工作日志法　　D. 主题专家会议法
10. 对于工作周期很长和突发事件较多的工作比较适合的观察方法是（　　）。
   A. 直接观察法　　B. 间接观察法
   C. 阶段观察法　　D. 工作表演法
11. 只有问题而没有给出备选答案，需要由被调查者根据自己的判断来填写的问卷方式属于（　　）。

A. 开放式　　B. 封闭式

C. 混合式　　D. 结构式

12. 在大量搜集工作信息的基础上，详细记录其中的关键事件，进而分析出岗位特征及要求的方法是（　　）。

A. 任务清单分析法　　B. 工作要素法

C. 关键事件法　　D. 临界特质分析法

二、多项选择题

1. 访谈法的具体形式有（　　）。

A. 与员工个别面谈　　B. 与员工集体面谈

C. 与客户面谈　　D. 与供应商面谈

E. 与主管领导面谈

2. 工作分析方法有（　　）。

A. 访谈法　　B. 问卷法

C. 抽样调查　　D. 观察法

E. 典型调查

3. 以工作为导向的工作分析方法包括（　　）。

A. 关键事件法　　B. 职能工作分析法

C. 任务清单分析法　　D. 工作要素法

E. 临界特质分析法

4. 以人员为导向的工作分析方法包括（　　）。

A. 关键事件法　　B. 职能工作分析法

C. 职位分析问卷法　　D. 工作要素法

E. 临界特质分析法

5. 问卷法中问卷设计的形式有（　　）。

A. 顺序式　　B. 开放式

C. 封闭式　　D. 混合式

E. 倒置式

6. 观察法的种类有（　　）。

A. 直接观察法　　B. 间接观察法

C. 阶段观察法　　D. 工作表演法

E. 全程观察法

7. 工作分析系统种类一般可以分为（　　）。

A. 工作导向型工作分析系统　　B. 职责导向型工作分析系统

C. 资格导向型工作分析系统　　D. 任务导向型工作分析系统

E. 人员导向型工作分析系统

三、简答题

1. 什么是访谈法？简述访谈法的优缺点。
2. 什么是问卷法？简述问卷法的优缺点。
3. 什么是观察法？简述观察法的优缺点。
4. 什么是工作日志法？简述工作日志法的优缺点。
5. 什么是主管人员分析法？简述主管人员分析法的优缺点。
6. 什么是资料分析法？简述资料分析法的优缺点。

四、论述题

试述问卷法的操作流程。

五、案例分析

T公司是我国中部地区的一个食品公司，随着当地经济的迅速增长，公司飞速发展，规模不断扩大，员工人数大幅增加。公司总经理发现，随着规模的扩大，公司在管理上存在着许多问题：部门之间权限不清，岗位之间职责不明；工作说明书与员工实际工作情况不符，新招聘来的员工与工作岗位不匹配；缺乏科学的绩效考核标准和合理的薪酬政策，薪酬制度存在很大的主观性和随意性。总经理认为，要解决这些问题，首先搞好工作分析，他让人力资源部经理在两个星期内拿出工作分析方案，争取尽快开展工作分析。

思考题：

1. 该公司为什么决定从工作分析入手来实施变革？这样的决定正确吗？为什么？
2. 该公司应采用什么样的方法进行工作分析？

参考答案

一、单项选择题

1. C　2. B　3. A　4. B　5. B
6. D　7. C　8. A　9. B　10. D
11. A　12. C

二、多项选择题

1. ABE　2. ABD　3. ABC　4. CDE　5. BCD
6. ACD　7. AE

三、简答题

1. 访谈法又称为面谈法，是指工作分析人员就某一职务或者职位面对面地询问任职者、主管、专家等对工作的意见和看法，是目前企业运用最广泛、最成熟并且最有效的工作分析方法。

访谈法的优点如下。

第一，操作简单。访谈法的操作方法简单，通过直接沟通可以迅速地搜集多方面的工作信息，并且所获得的信息也是最真实、最有效的。

第二，灵活性强。访谈法可以根据实际情况及时地修正访谈提纲中不恰当的问题和补充遗漏的信息，随着访谈的进行进一步完善访谈提纲，拓宽访谈提纲的信息覆盖面。

第三，方便搜集深层次信息。访谈法是一种面对面地交流，通过有效控制和引导消除被访谈者的疑虑，拉近访谈者与被访谈者的关系，从而更深入地了解被访谈者的心理特征、其对工作的态度和工作动机等深层次问题。

第四，有利于工作分析的开展。访谈法可以使被访谈者了解工作分析的目的及必要性，同时对工作进行系统性的思考、总结和提炼，便于工作分析的开展。

访谈法的缺点如下。

第一，对访谈者技巧要求高。访谈法对访谈者本人的素质要求较高，需要访谈者接受有关访谈技巧的专项训练。

第二，工作成本较高。访谈法需要占用被访谈者的正常工作时间，工作成本较高，消耗较多的精力与时间，降低工作效率，甚至有可能造成生产损失。

第三，易受个人因素影响。访谈法中的被访谈者易将个人利益与访谈内容联系起来，往往夸大工作内容的难易程度和重要性，使工作信息有可能失真。

2. 问卷法是让被调查的与工作分析相关的任职人员以填写调查问卷的形式回答有关工作岗位问题，从而获取相关工作信息的工作分析方法。

问卷法的优点如下。

第一，节约时间和成本。问卷法可以在短时间内搜集众多岗位信息资料，耗费较少的时间和精力，大大缩减了成本开支。

第二，对正常工作的影响较小。被调查者可以在生产和工作之余填写调查问卷，不会对企业正常的经营产生影响。

第三，适用性广泛。问卷法的调查范围广，可用于多种目的、多种用途的工作分析。

第四，数据方便处理。通过问卷法所获得的工作信息可以数量化，再由计算机进行数据的归纳和总结，省时省力，十分方便。

问卷法的缺点如下。

第一，问卷设计难度较大。问卷本身的质量对工作分析结果的质量至关重要，因此，问卷的编制技术要求较高，而设计理想的调查问卷需要花费大量的时间和精力，成本较高。

第二，可控性较差。不同的被调查者对问卷中相同问题的理解不同，容易产生信息资料的偏差。

第三，不易获取深层次信息。问卷法缺乏调查者与被调查者之间的沟通与互动，因此，得到的结果往往只是表面现象，无法获得与被调查者态度和动机相关的深层次信息。

第四，不适用于对文字理解能力和表达能力较差的人群。

3. 观察法是指工作分析人员直接到工作现场，针对特定对象的作业活动观察、搜集和记录有关工作信息，并进行分析和归纳总结的方法。

观察法的优点如下。

第一，获得的信息较客观。通过观察法可以使工作分析人员更好地了解工作要求，所搜集的工作信息多为第一手资料，基本排除了主观因素的影响，从而使获得的工作信息更客观、更正确。

第二，可以搜集更多的细节信息。观察法能够搜集到访谈法所不能搜集到的某些细节信息，如一些有经验的员工有时可能会忽视工作中的某些细节，使工作结果发生偏差或无法完成工作，通过观察法可以发现这些被忽视的细节，使工作能够更好地完成。

第三，操作简单。观察法相对于其他工作分析方法而言比较简单，对工作人员的技能要求较低，能够较快掌握观察法的要点。

观察法的缺点如下。

第一，获得的信息有限。观察法不适用于脑力劳动为主的或紧急情况较多的工作，如教师、律师和医生等，因为观察法很难观察到员工的心理活动和分析能力。

第二，易受人为因素的影响。在被观察的情况下，员工容易受到个人利益的影响，从而表现出与平时不一致的工作效率，影响工作分析对真实情况的了解，降低可信度。

第三，耗时较长，成本较高。观察法的工作量一般较大，需要耗费大量的人力、物力和财力，增加了工作分析的成本。

4. 工作日志法又称工作写实法，是指任职者按时间顺序详细记录自己的工作内容与工作过程，然后经过归纳和总结实现工作分析目的的一种方法。

工作日志法的优点如下。

第一，信息可靠性高。工作日志法适用于确定有关工作职责、工作内容、工作关系和劳动强度等方面的信息，得到的信息真实、可靠，对复杂性工作的分析比较有效。

第二，所需费用较少。工作日志法耗费的时间和精力较少，成本较低，尤其对分析高水平和复杂的工作而言更加经济实惠。

工作日志法的缺点如下。

第一，对被调查者的要求较高。使用工作日志法要求被调查者对工作岗位十分了解，同时，需要占用被调查者个人更多的时间和精力。

第二，后期整理工作量大。通过工作日志法获得的工作信息是未经提炼的原始信息，可能存在的误差较多，工作分析人员搜集之后还要做大量的工作整理工作日志，比较分析数据，提炼分析结果。

第三，信息容易缺失。工作日志法获取的信息来源于任职者，受任职者个人因素的影响较大，容易造成信息缺失，不同任职者对工作分析的理解程度不一样，工作分析的结果容易出现偏差。

5. 主管人员分析法是由主管人员在日常工作中记录与分析所管辖人员的工作任务、

责任与要求的一种方法。

主管人员分析法的优点如下。

主管人员分析法最大的优点是记录方便，他们经常与所分析的工作打交道，对这些工作非常了解，尤其对以前从事过这些工作的人来说，他们对被分析的工作有着较为深刻的理解，对岗位所要求的工作技能的鉴别与确定也比较了解，分析的目的更明确、更深入。

主管人员分析法缺点如下。

主管人员分析法的缺点在于主管人员的分析可能存在一些偏见，尤其是那些只干过其中一部分工作的主管人员，他们往往偏重于所从事过的那部分工作，而不能全面认识整个工作。

6. 资料分析法又称文献分析法，是指在现有资料的基础上对每个工作岗位的任务、责任、权力、工作负荷和任职资格等进行系统性分析、提炼和加工来获取工作信息的工作分析方法。

资料分析法的优点如下。

资料分析法的优点是分析成本低、工作效率高，因为资料分析法利用的都是现有资料，这些基础资料信息能够为进一步工作分析提供参考，是合理和有效利用现有资源的一种方法。

资料分析法的缺点如下。

一般来说，通过资料分析法获得的信息往往不够全面，尤其是对管理制度不完善的小型企业而言，该工作分析方法不能搜集到及时的和有效的岗位信息，需要与其他工作分析方法结合起来使用。

四、论述题

问卷法工作分析程序主要包括问卷设计、问卷测试、问卷发放、问卷回收及归档5个环节。①问卷设计是问卷法工作分析程序中最重要的一个环节，问卷设计的好与坏直接影响工作分析成果的质量；②在正式发放问卷之前，选取局部岗位的员工填写初步拟定的调查问卷，从而发现问卷存在的问题并及时修订和补充，使问卷进一步完善；③在合适的时间和地点将准备好的问卷发放给被调查者，向被调查者介绍工作分析的目的及意义，说明填写调查问卷应该注意的事项和被调查者容易产生疑虑的地方，鼓励被调查者客观、真实地填写问卷，及时解答被调查者在填写问卷过程中提出的问题；④被调查者完成问卷填写后要及时将问卷收回，剔除回收问卷中的不合格问卷或重新进行调查；⑤将同一岗位的调查问卷合并归档，以便比较、分析和提炼工作信息。

五、案例分析

1. 这样的决定是对的。因为该公司在发展中存在的根本问题是部门之间、岗位之间的职责与权限缺乏明确界定，导致组织与业务上存在矛盾。人力资源部门选择从工作分析入手，正是为解决目前人员冗杂、人浮于事、效率低下的问题。通过工作分析，可以为公司本次组织变革提供有效的信息支持和基础保证。

2. 可介绍一两种工作分析方法，并比较其优缺点。

第3章 工作分析的流程

考核内容

工作分析是一项非常复杂、烦琐并具有挑战性的工作。它不是人力资源管理部门单独就能完成的，还需要组织领导、各部门甚至每一位员工的积极配合。工作分析的流程主要分为工作分析前的准备、工作信息的搜集、工作信息的分析与标准化、工作分析结果的形成、工作分析结果的应用5个阶段。本章主要考核内容有：掌握工作分析前的准备工作、选择适当的工作信息搜集方法、了解工作分析的整个流程。

一、工作分析前的准备工作

（一）工作分析的必要性分析

工作分析的必要性分析就是要明确组织是否需要进行工作分析。一般来说，当组织出现以下情况时，就表明非常需要进行工作分析。

（1）组织管理体系、业务流程运行不畅。

（2）新技术、新方法、新工艺或新系统的引进使工作内容或工作性质发生重要变化时，需要对组织中的工作进行重新界定。

（3）组织的战略计划得不到有效落实，引起对工作分析的需求。

（4）组织中出现岗位职责不清、分工不明、人浮于事、工作说明书与实际工作不符等事项时，需要理顺各种工作关系。

（5）其他人力资源管理工作（如招聘、培训、绩效考核、薪酬管理等）缺乏信息基础，如很难确定用人标准和培训需求、没有科学的考核标准、无法对各岗位的价值进行评估时，急需通过工作分析来获取有关工作的全面信息。

另外，工作分析是整个人力资源管理系统构建的基础。它是一个复杂的系统工程，正式开展不仅需要满足上述的各种条件，还需选择成熟的机会。因此，为了使工作分析能顺利开展下去，并卓有成效，组织很有必要对工作分析进行深入分析和准确定位。

（二）明确工作分析的目的

工作分析的目的直接决定了需要搜集何种类型的信息，以及使用哪种方法来搜集这些信息。通常，工作分析的目的主要有：①正确描述和认识各种特定工作；②编制或修订工作说明书；③对工作进行设计或再设计；④明确岗位资格要求，制订招聘标准和招聘测试方案；⑤确定组织的培训需求并制订培训计划，提高培训的针对性和培训效果；⑥明确工作任务、职责、权力及与其相关工作的关系，减少相互推诿现象；⑦进行工作评价，平衡薪酬待遇，实现公平公正；⑧为制定考核程序及方法提供依据，提高评价的客观性和公正性等。

（三）制订工作分析的实施计划

进行一次完整的工作分析活动，往往需要花费很长的时间、调动大量的资源及来自组织各部门人员的配合。因此，必须制订一个整体实施计划，在具体实施时还需形成一个具体的操作计划，以便有步骤、有条理地进行工作分析。一份完整的工作分析的实施计划通常包含的内容有：①工作分析的目的和意义；②工作分析项目的组织形式与实施者；③工作分析所需搜集的信息内容；④工作分析实施的步骤和时间安排；⑤工作分析方法的选择；⑥工作分析的结果；⑦工作分析结果的审核与评价。

（四）组建工作分析小组

在工作分析小组的构成上，除了工作分析人员外，一般会由组织高层领导任组长，而且部分核心部门的负责人也会参与进来，以使工作分析在组织内获得最大限度的支持。工作分析人员既可以是组织内部成员也可以是从组织外部聘请的工作分析专家。工作分析人员通常有三种类型：工作分析专家、主管人员和任职者。

（五）明确有关人员的角色

在进行工作分析时，需要得到组织中诸多层次群体的支持与配合，包括：高层管理人员、中层管理人员、工作分析人员、任职者、工会和工作分析顾问。在实际工作中，中层管理人员作为组织的中坚力量，对各工作岗位最为了解，同时也是工作分析结果最直接的使用者，因此中层管理人员最容易获知工作分析的必要性，也有能力承担工作分析的部分工作。

二、工作信息的搜集

（一）工作信息搜集的范围与内容

工作分析的目的不同，工作信息搜集的范围也会不同。在进行工作分析时，要针对工作分析的目的，确定工作信息搜集的范围。

一般来讲，工作分析所需信息的主要类型有以下几种：工作活动、机器设备、工作条件、对任职者的要求。

我们可按照 6W1H 的内容来考虑需要搜集的信息，6W1H 即做什么（what）、为什么做（why）、让谁做（who）、何时做（when）、在哪里做（where）、为谁做（for whom）、如何做（how）。它有利于我们对工作分析所需要的信息形成一个整体的认识。

（二）工作信息的搜集者

一般来说，搜集工作信息的人主要有三种类型，即工作分析专家、工作任职者和工作任职者的上级主管。工作任职者最了解工作内容，他们有可能提供关于工作最真实、最可靠的信息。

（三）工作信息的来源

工作信息的来源主要有四种：书面资料、任职者的报告、同事的报告、直接的观察。

（四）工作信息的搜集方法

为了保证信息的有用性，在选择工作信息的搜集方法时，首先要考虑工作分析的目的。其次，要考虑所分析岗位的不同特点。再次，要考虑实际条件的限制。最后，还需考虑工作分析方法与人员的相互匹配性。

最为常用的工作信息搜集方法有面谈法、问卷法、观察法和工作日志法。其中，面谈法是应用最为广泛的工作信息搜集方法。

三、工作信息的分析与标准化

对工作信息的分析就是将利用各种搜集信息方法所搜集到的信息进行统计、分析、研究、归类的一个过程。工作信息的标准化就是对工作信息进行标准化处理，包括规范化、结构化和具体化等。

工作信息的分析阶段主要包括整理信息、审查与确认信息和分析信息三个环节；而工作信息的标准化首先是要明确界定工作信息的各项内容，包括所涉及的名词、概念和要素等，然后再对各项内容进行等级划分。

四、工作分析结果的形成

工作分析的结果通常为每个岗位的工作说明书。工作说明书编好之后，还需要进一步审核与确认。

工作说明书是对工作的目的、职责、任务、权限及任职者的资格条件等的书面描述。

五、工作分析结果的应用

工作说明书形成之后，还需对其进行应用。只有将形成的工作说明书运用到组织实际工作中，才能充分展现其在组织管理中的价值。在这一阶段主要开展的工作内容有：工作说明书的应用、工作说明书的评价及工作说明书的反馈与调整。

重点和难点

本章重点是工作分析前的准备工作，工作信息搜集的范围与内容、工作信息搜集者的构成、工作信息的来源、工作信息的搜集方法及工作信息的分析与标准化方法。难点是如何确定工作信息搜集的范围与内容，以及选择适当的工作信息搜集方法。

同步综合练习题

一、单项选择题

1. 有可能提供关于工作的最真实、最可靠的信息主体是（　　）。

A. 工作分析专家　　B. 工作任职者

C. 主管人员　　D. 组织高层领导

2. 在工作分析过程中，中层管理人员需要担当的角色不包括（　　）。

A. 支持并协助工作分析专家实施工作分析计划

B. 选择适合参与工作信息搜集的任职者

C. 根据信息搜集过程和信息分析过程的结果，编制工作说明书等工作分析结果文件

D. 审核与认可工作分析的初期结果

3. 选择工作信息搜集方法需要考虑的首要因素是（　　）。

A. 工作分析的目的　　B. 分析岗位的不同特点

C. 实际条件的限制　　D. 工作分析方法与人员的相互匹配性

4. 应用最为广泛的工作信息搜集方法是（　　）。

A. 面谈法　　B. 问卷法

C. 观察法　　D. 工作日志法

5. 对有文字理解和书面表达能力的人群，往往采用的工作分析方法是（　　）。

A. 面谈法　　B. 问卷法

C. 观察法　　D. 工作日志法

6. 工作分析前的准备阶段不包括的任务是（　　）。

A. 开展工作分析的必要性和可行性分析

B. 明确工作分析的目的

C. 组建工作分析小组

D. 对工作信息进行搜集

7. 聘请外部专家进行工作分析的优点不包括（　　）。

A. 聘请外部专家实施工作分析比在组织内部保留专职的工作分析人员更节省费用

B. 聘请外部专家进行工作分析的信用相对较低

C. 外部专家能够提高关于工作的完整信息

D. 外部专家往往具有在不同组织中实施工作分析的丰富经验

8. （　　）比较适合于短时期的外显行为特征的分析，并常用于相对简单、重复性高且容易观察的工作。

A. 面谈法　　B. 问卷法

C. 观察法　　D. 工作日志法

9. 工作信息的分析阶段不包括的环节有（　　）。

A. 搜集信息　　B. 整理信息

C. 审查信息　　D. 分析信息

10. 工作分析的最终结果是形成（　　）。
A. 工作描述　　B. 工作规范
C. 工作说明书　　D. 工作计划
11. 工作分析的起始阶段是（　　），该阶段的主要任务包括开展工作分析的必要性和可行性分析、明确工作分析的目的、制订工作分析的实施计划等。
A. 工作分析前的准备工作　　B. 工作信息的搜集
C. 工作信息的分析与标准化　　D. 工作分析结果的形成与应用
12. 整个工作分析的核心人物是（　　）。
A. 信息搜集人员　　B. 主管人员
C. 信息分析人员　　D. 信息分析专家
13. 信息搜集人员是指在工作分析过程中承担信息搜集任务的人员，应着重对他们的（　　）进行培训。
A. 思考能力　　B. 逻辑能力
C. 沟通技能和分析技能　　D. 记忆能力
14. 能够监控任职者所从事的工作，对目标工作的相关情况非常了解的主体是（　　）。
A. 工作分析专家　　B. 工作任职者
C. 工作任职者的上级主管　　D. 组织高层领导

二、多项选择题

1. 工作分析的整个流程包括（　　）阶段。
A. 工作分析前的准备工作　　B. 工作信息的搜集
C. 工作信息的分析与标准化　　D. 工作分析结果的形成与应用
E. 工作观察
2. 工作分析小组成员通常包括（　　）。
A. 组织高层领导　　B. 工作分析专家
C. 主管人员　　D. 工作任职者
E. 客户
3. 工作分析所需信息的主要类型通常包括（　　）。
A. 工作活动　　B. 工作目的
C. 工作条件　　D. 对任职者的要求
E. 机器设备
4. 工作信息搜集者的类型通常包括（　　）。
A. 工作分析专家　　B. 工作任职者
C. 工作任职者的上级主管　　D. 工作任职者的同事
E. 各部门的领导
5. 工作信息的来源主要有（　　）。
A. 书面资料　　B. 任职者的报告
C. 同事的报告　　D. 直接的观察
E. 任职者上级主管的报告

6. 选择工作信息搜集方法需要考虑的因素包括（　　）。
A. 工作分析的目的
B. 分析岗位的不同特点
C. 实际条件的限制
D. 工作分析方法与人员的相互匹配性
E. 工作信息搜集者类型

7. 使用面谈法来搜集信息时，需注意的是（　　）。
A. 事先需征得被访者直接上级的同意，尽量获取直接上级的支持
B. 营造轻松的气氛，使被访者畅所欲言，鼓励被访者真实、客观地回答问题
C. 工作分析人员应按照面谈提纲的顺序，由浅入深地进行提问
D. 所提问题和谈话内容不能超出被访人的知识和信息范围，以及不要涉及被访人的个人隐私
E. 选择合适的面谈环境

8. 工作任职者搜集工作信息的优势包括（　　）。
A. 工作任职者能够提供关于工作的完整信息
B. 通常可以使用大量的任职者对同一岗位的工作提供信息
C. 当需要对大量的岗位进行工作分析时，使用工作任职者来搜集工作信息是最有效率的方法
D. 工作任职者不一定愿意报告他们工作的内容
E. 工作任职者往往不愿意接受关于搜集工作信息方法的培训

9. 面谈法在工作信息搜集方面的优点包括（　　）。
A. 可以对工作者工作态度、工作动机等深层次的内容有详细和比较深刻的了解
B. 能够简单而迅速地搜集多方面的工作分析资料
C. 可以使受访者更了解工作分析的目的和必要性
D. 可以得到具体准确、直观性强的信息
E. 能够及时进行控制和引导

10. 外聘专家进行工作分析时，存在的缺点包括（　　）。
A. 当工作地点分布较广时，外聘专家在差旅、时间及相关方面的花费会比较高
B. 由于对具体的工作业务缺乏了解，外部专家需要花费大量时间去了解工作业务，可能延缓工作分析进程
C. 有的情况下，工作任职者并不会完全信任和接受外部专家
D. 聘请外部专家实施工作分析比在组织内部保留专职的工作分析人员花费更多的费用
E. 聘请外部专家进行工作分析的信用相对较低

三、简答题

1. 简述工作分析的流程。
2. 工作分析前该进行哪些准备工作?
3. 简述工作分析的目的。
4. 如何制订工作分析的实施计划?
5. 简述工作分析所需信息的内容。

6. 简述工作信息的搜集者和搜集方法。

四、论述题

工作信息的来源有哪些？请详细阐述。

五、案例分析

人力资源经理小张刚跳槽到A公司时，发现该企业管理有些混乱，员工职责不清，工作流程也不科学。她向总经理反映，希望进行工作分析，重新安排组织架构。总经理知道她以前是在外企工作，对这方面很有经验，便马上点头答应，并且很配合地做了宣传和动员工作。

人力资源部门积极筹划了一番后便开始行动。不料，员工的反应和态度很不友好，出现各种反应，如“我们部门这段时间可忙了，我一个人就要干3个人的活，哪有时间来参与你们这项活动。”“我每天都要加班到11点以后才回去，请放过我吧，别再给我增加工作量了。”多方了解后，小张才知道，上一任经理也做过工作分析。工作分析结束后，对企业内部进行了大调整。不但删减了大量的人员和岗位，还对员工的工作量都进行了调整，几乎每个人的工作量都大大增加了。有了上次的惨痛教训，大家都对工作分析很厌恶，尽情夸大自己的工作量，生怕工作分析把自己“分析掉了”。

思考题：

1. 小张的前任是否做好了工作分析？假如没有，出现了什么问题？请谈谈你的看法。
2. 如果你是人力资源部门经理，你该如何做？

参考答案

一、单项选择题

1. B	2. C	3. A	4. A	5. B
6. D	7. B	8. C	9. A	10. C
11. A	12. D	13. C	14. C	

二、多项选择题

1. ABCD	2. ABCD	3. ACDE	4. ABC	5. ABCD
6. ABCD	7. ABCDE	8. ABC	9. ABCDE	10. ABC

三、简答题

1. 工作分析的流程，主要包括：工作分析前的准备、工作信息的搜集、工作信息的分析与标准化、工作分析结果的形成、工作分析结果的应用5个阶段。

2．工作分析前的准备阶段的主要任务包括：工作分析的必要性和可行性分析、明确工作分析的目的、制订工作分析的实施计划、组建工作分析小组及明确有关人员的角色。

3．工作分析的目的主要有：①正确描述和认识各种特定工作；②编制或修订工作说明书；③对工作进行设计或再设计；④明确岗位资格要求，制订招聘标准和招聘测试方案；⑤确定组织的培训需求并制订培训计划，提高培训的针对性和培训效果；⑥明确工作任务、职责、权力及与其相关工作的关系，减少相互推诿现象；⑦进行工作评价，平衡薪酬待遇，实现公平公正；⑧为制定考核程序及方法提供依据，提高评价的客观性和公正性等。

4．一份完整的工作分析的实施计划通常包含的内容有：①工作分析的目的和意义；②工作分析项目的组织形式与实施者；③工作分析所需搜集的信息内容；④工作分析实施的步骤和时间安排；⑤工作分析方法的选择；⑥工作分析的结果；⑦工作分析结果的审核与评价。

5．我们可按照6W1H的内容来考虑需要搜集的信息，6W1H即做什么（what）、为什么做（why）、让谁做（who）、何时做（when）、在哪里做（where）、为谁做（for whom）、如何做（how）。它有利于我们对工作分析所需要的信息形成一个整体的认识。

6．工作信息的搜集者主要有：工作分析专家、工作任职者和工作任职者的上级主管。

工作分析所需的信息搜集方法有多种，最为常用的是面谈法、问卷法、观察法和工作日志法。面谈法是应用最为广泛的工作信息搜集方法。

四、论述题

工作分析信息的来源主要有四种：书面资料、任职者的报告、同事的报告、直接的观察。组织里一般都有关于现任岗位的资料记录、岗位职责说明及其他相关资料，如供招聘用的广告与宣传手册、各种规章制度等，这些资料对工作分析非常有用。任职者对自身的工作情况最为熟悉，如果他们能客观真实地描述工作的实际情况，将获得很有价值的信息。除了直接从任职者那里获得有关资料外，也可以从任职者的上级、下级、同级等处获得资料。同事的报告有助于提供对比，也有助于弥补仅从任职者那里获得资料的不足与偏颇，从而使获得的信息更加准确。到任职者的现场进行直接观察也是一种获取有关工作信息的方法。

五、案例分析

1．小张的前任没有做好工作分析。在进行工作分析之前，需要明确工作分析的目的。工作分析结束后，还应该有跟进。但小张的前任操之过急，在工作分析后马上进行大规模的人事调整，裁员、增加工作量，使员工对工作分析产生了误会，把工作分析简单等同于裁员增效的前奏。当再次进行工作分析时，员工自然是如临大敌，惴惴不安。

2．如果我是人力资源部门经理，我觉得正确的做法是：应加强与员工的沟通，明确工作分析的目的和意义，消除员工对工作分析的恐惧感，确保工作分析的顺利进行。同时，应通过工作分析的实施，使员工明确各自的工作职责和工作范围，指导他们取得更好的工作绩效，并为员工未来的职业生涯发展提供科学咨询。

第4章 工作分析的结果

考核内容

工作分析的结果就是编写工作描述、工作规范，最后形成工作说明书。工作描述主要是涉及工作执行者实际做什么、如何做及在什么条件下做的一种书面文件。而工作规范则是工作执行人员为了圆满完成工作所必须具备的知识、能力和技能。本章主要考核内容有：掌握工作描述、工作规范、工作说明书的含义，掌握其内容、格式及编写要求，并能根据工作需要正确编写工作描述、工作规范、工作说明书，了解工作描述与工作规范的关系、工作说明书编写中容易出现的问题。

一、工作描述

（一）工作描述的含义

工作描述是指用书面形式对组织中各类岗位的工作性质、工作任务、工作职责与工作环境等所做的统一说明。

（二）工作描述的应用

工作描述在人力资源管理中的应用主要表现在以下几点：人力资源规划、招聘与配置、培训与开发、绩效评估、工作评价与薪酬管理、职业生涯设计、员工安全、组织结构设计、工作设计。

（三）工作描述的基本内容

工作描述的基本内容主要包括工作识别、工作概要、工作关系、工作职责、绩效标准、工作环境等方面。

1. 工作识别

工作识别又称工作标识、工作认定，其作用是将工作与组织中其他工作分开，主要包括工作名称、工作编号、工作身份、工作地点等。其中，工作名称是工作识别中最重要的项目，表明了工作人员在组织中所扮演的角色，是一组在重要职责上相同的岗位总称。

2. 工作概要

工作概要又称工作目的，是用简练的语言文字阐述工作的总体性质、中心任务及要达到的工作目标。工作概要是使该工作与其他工作区分开来的标志性文件。

3. 工作关系

工作关系描述又称工作联系描述，它包括两部分：一是指该工作职位在组织中的位置；二是指任职者与组织内外其他部门或人员之间的关系。前者是工作描述必需的核心内容，它反映该职位在组织中上下左右的关系，通常用组织结构图来表示，或者用文字形式表达；后者可以根据组织需要选择是否采用，在内容上包括此工作受谁监督，此工作监督谁，此工作可晋升、平调的职位，与哪些部门的职位发生联系等。

4. 工作职责

工作职责包括工作的职能与责任，是工作描述的主体，与工作概要相比，它提供的是关于工作职责的细节描述，应包括工作的所有主要职能及要求。

5. 绩效标准

绩效标准又称为业绩标准、业绩变量，是在明确界定工作职责的基础上，对如何衡量每项职责完成情况的规定。

6. 工作环境

工作环境一般包括工作的物理环境和心理环境。

二、工作规范

（一）工作规范概述

工作规范又称岗位规范或任职资格，是指任职者要胜任该项工作必须具备的资格与条件。工作规范是工作说明书的重要组成部分。

工作描述与工作规范都是工作分析的结果，两者之间存在着十分密切的联系。在实际操作中，工作规范一般是从工作描述中提取出来的，可以说工作描述是工作规范的基础。工作描述与工作规范的区别主要表现在以下两点。

（1）从编制的直接目的看，工作描述是以“工作”为中心对岗位进行全面、系统、深入的说明，为岗位评价、岗位分类及组织劳动人事管理提供依据。而工作规范是在岗位说明的基础上，解说什么样的人员才能胜任本岗位的工作，以便为组织员工的招聘、培训、考核、选拔、任用提供依据。

（2）从其内容涉及的范围来看，工作描述的内容十分广泛，包括对岗位各有关事项的性质、特征、程序、方法的说明，而工作规范的内容较为简单，主要涉及对岗位人员任职资格条件的要求。

（二）工作规范的内容

管理岗位工作规范主要包括以下内容：职责要求、知识要求、能力要求、经历要求。员工岗位工作规范主要有以下三项内容：应知、应会、工作示例。

（三）工作规范的构建方法

工作规范的构建方法有好多，没有统一的标准。一般包括以下三种常用的方法：基于逻辑推导的工作规范构建、基于统计数据验证的工作规范构建、基于定量化工作分析方法的工作规范构建。

三、工作说明书

（一）工作说明书的含义

工作说明书是对企业各类工作岗位的工作性质、任务、责任、权限、工作内容与方法、工作应用实例、工作条件与工作环境及人员资格条件等所做的统一要求。

工作说明书是工作分析最终的表现形式，具有明确的格式要求和严格的质量标准。一般来说，合格的工作说明书必须达到以下标准：准确性、完备性、普遍性、简约性、预见性、可操作性。

（二）工作说明书的作用

工作说明书提供了关于岗位的众多基础性信息，在人力资源管理活动中具有重要作用，它是人力资源管理活动的基本依据。

（三）工作说明书的内容

工作说明书的主要内容包括工作标识、工作概要、工作职责与任务、工作联系、工作的绩效标准、工作环境条件、工作规范。

（四）编制工作说明书的问题与策略

在编写工作说明书过程中会存在一些常见的问题，包括：①对工作说明书的内容结构认识不清；②对工作职责界定不清；③编写过程存在很大的随意性和盲目性；④工作说明书内容零乱、不成体系；⑤工作说明书更新不及时等。

科学编写工作说明书的策略，包括：①定位清晰，高层认同；②员工的参与和配合；③逐步分层实施；④格式统一，用语准确，内容得当；⑤及时沟通；⑥建立动态管理机制。

（五）编制工作说明书的一般准则

（1）确定工作说明书的内容。
（2）选择工作说明书的格式。
（3）岗位界定。
（4）使用专业词汇。
（5）使用规范文字。
（6）使用正确的表述方式。
（7）使用统一的格式。
（8）多层次、多角度审核把关。

重点和难点

本章重点是工作描述的含义、工作描述的基本内容、工作规范的含义、工作规范与工作描述的关系、工作规范的内容、工作规范的构建方法、工作说明书的含义、工作说明书的内容、工作说明书编写中存在的问题、编制工作说明书的一般准则。难点是工作规范与工作描述的关系、工作说明书编写中存在的问题。

同步综合练习题

一、单项选择题

1. 用书面形式对组织中各类岗位的工作性质、工作任务、工作职责与工作环境等所做的统一说明是（　　）。
   A. 工作描述　　B. 工作规范
   C. 工作说明书　　D. 工作评价
2. 工作识别中最重要的项目是（　　）。
   A. 工作名称　　B. 工作身份
   C. 工作编号　　D. 工作地点
3. （　　）是使该工作与其他工作区分开来的标志性文件。
   A. 工作概要　　B. 工作关系
   C. 工作识别　　D. 工作职责
4. 工作描述的核心内容不包括（　　）。
   A. 工作概要　　B. 工作权限
   C. 工作识别　　D. 工作职责
5. （　　）是提取职位层次的绩效考核指标的重要基础和依据。
   A. 工作概要　　B. 绩效标准
   C. 工作识别　　D. 工作职责
6. 工作规范的内容较为简单，主要涉及的是（　　）。
   A. 岗位的性质和特征的说明
   B. 有关岗位程序的说明
   C. 对岗位人员任职资格条件的要求
   D. 有关岗位的方法和要求的说明
7. 胜任本岗位工作要求具备的专业理论知识称为（　　）。
   A. 工作示例　　B. 应知
   C. 应会　　D. 工作原理
8. 胜任本岗位工作要求具备的技术能力称为（　　）。
   A. 工作示例　　B. 应知
   C. 应会　　D. 工作原理
9. 根据“应知”“应会”的要求，列出本岗位的典型工作项目，以便判定工人的实际工作经验，以及应知应会的程度，可以采用（　　）方法。
   A. 工作示例　　B. 应知
   C. 应会　　D. 工作原理
10. 胜任岗位工作应具有的知识结构和知识水平称（　　）。
    A. 职责要求　　B. 知识要求
    C. 能力要求　　D. 经历要求
11. 胜任岗位工作要求具备的主观条件称（　　）。

A. 职责要求　　B. 知识要求
C. 能力要求　　D. 经历要求

12. 胜任岗位工作要求具备的工作年限称（　　）。
A. 职责要求　　B. 知识要求
C. 能力要求　　D. 经历要求

13. 对企业各类工作岗位的工作性质、任务、责任、权限、工作内容与方法、工作应用实例、工作条件与工作环境及人员资格条件等所做的统一要求称（　　）。
A. 工作描述　　B. 工作规范
C. 工作说明书　　D. 工作评价

14. （　　）是组织管理中的一项重要制度，是组织进行信息化和规范化管理重要的基础性文件。
A. 工作名称　　B. 工作身份
C. 工作编号　　D. 工作地点

15. （　　）包括工作的职能与责任，是工作描述的主体。
A. 工作概要　　B. 工作权限
C. 工作识别　　D. 工作职责

二、多项选择题

1. 工作识别又称工作标识、工作认定，其作用是将工作与组织中其他工作分开，主要包括（　　）。
A. 工作名称　　B. 工作身份
C. 工作编号　　D. 工作地点
E. 工作概要

2. 确定绩效标准需遵守（　　）原则。
A. 绩效考核要切中特定的工作指标，不能笼统
B. 绩效指标是数量化或行为化的，验证这些绩效指标的数据或者信息是可以获得的
C. 绩效指标在付出努力的情况下可以实现，避免设立过高或过低的目标
D. 绩效指标是实实在在的，可以证明和观察
E. 注重完成绩效指标的特定期限

3. 工作环境通常包括（　　）。
A. 物理环境　　B. 化学环境
C. 内部环境　　D. 外部环境
E. 心理环境

4. 任职者要胜任该项工作必须具备的资格与条件称（　　）。
A. 工作性质　　B. 工作规范
C. 岗位规范　　D. 工作内容
E. 任职资格

5. 管理岗位工作规范主要包括的内容有（　　）。
A. 职责要求　　B. 知识要求

C. 能力要求　　D. 经历要求
E. 受教育程度

6. 员工岗位工作规范主要包括的内容有（　　）。
A. 应知　　B. 应会
C. 任务　　D. 内容
E. 工作示例

7. 工作分析的直接结果通常包括（　　）。
A. 工作描述　　B. 工作规范
C. 工作说明书　　D. 工作评价
E. 工作关系

8. 合格的工作说明书必须达到的标准有（　　）。
A. 准确性　　B. 完备性
C. 普遍性　　D. 简约性
E. 预见性和可操作性

9. 工作说明书的内容主要包括（　　）。
A. 工作标识　　B. 工作概要
C. 工作职责与任务　　D. 工作联系
E. 工作环境条件

10. 编写工作说明书过程中存在的常见问题有（　　）。
A. 对工作说明书的内容结构认识不清
B. 对工作职责界定不清
C. 编写过程存在很大的随意性和盲目性
D. 工作说明书内容零乱、不成体系
E. 工作说明书更新不及时

11. 工作说明书的格式通常包括（　　）。
A. 叙述形式　　B. 正规格式
C. 表格形式　　D. 非正规格式
E. 口头形式

12. 在确定工作名称方面必须注意的问题包括（　　）。
A. 工作名称要讲究艺术
B. 工作名称应该较准确地反映其主要工作职责
C. 工作名称应该指明任职者在组织等级中的相关位置
D. 工作名称应尽量按照社会上通行、公认的做法来拟定
E. 工作名称应该包含工作的目的

13. 工作编号应该符合的要求有（　　）。
A. 唯一性　　B. 方便性
C. 多样性　　D. 可扩性
E. 可用性

三、简答题

1. 简述工作描述的含义和内容。
2. 简述工作规范与工作描述的联系与区别。
3. 简述工作规范的含义和内容。
4. 简述工作说明书的含义和内容。
5. 简述工作说明书的作用。
6. 编制工作说明书常见的问题有哪些？
7. 如何科学编制工作说明书？

四、论述题

试述编制工作说明书的一般准则。

五、案例分析

以下是某公司招聘专员的工作说明书。

岗位名称：招聘专员
所属部门：人力资源部
岗位职责：负责招聘计划的制订与实施
负责招聘渠道的选择与维护
负责应聘人员的联络与接待工作
负责招聘员工的绩效考核工作
任职资格：身体健康，大学本科学历，人力资源管理相关专业

思考题：

1. 该工作说明书编写得是否规范？
2. 规范的工作说明书应该怎样编写？

参考答案

一、单项选择题

1. A	2. A	3. A	4. B	5. B
6. C	7. B	8. C	9. A	10. B
11. C	12. D	13. C	14. C	15. D

二、多项选择题

1. ABCD	2. ABCDE	3. AE	4. BCE	5. ABCD
6. ABE	7. ABC	8. ABCDE	9. ABCDE	10. ABCDE
11. AC	12. ABCD	13. ABDE		

三、简答题

1. 工作描述是指用书面形式对组织中各类岗位的工作性质、工作任务、工作职责与工作环境等所做的统一说明。

工作描述的基本内容主要包括工作识别、工作概要、工作关系、工作职责、绩效标准、工作环境等方面。

2. 工作描述与工作规范都是工作分析的结果，两者存在着十分密切的联系。在实际操作中，工作规范一般是从工作描述中提取出来的，可以说工作描述是工作规范的基础。工作描述与工作规范的区别主要表现在以下两点。

（1）从编制的直接目的看，工作描述是以“工作”为中心对岗位进行全面、系统、深入的说明，为岗位评价、岗位分类及组织劳动人事管理提供依据。而工作规范是在岗位说明的基础上，解说什么样的人员才能胜任本岗位的工作，以便为组织员工的招聘、培训、考核、选拔、任用提供依据。

（2）从其内容涉及的范围来看，工作描述的内容十分广泛，包括对岗位各有关事项的性质、特征、程序、方法的说明，而工作规范的内容较为简单，主要涉及对岗位人员任职资格条件的要求。

3. 工作规范又称岗位规范或任职资格，是指任职者要胜任该项工作必须具备的资格与条件。

一般来说，通过对工作描述的每一项工作任务、工作职责所需要的资格与条件做出回答，并加以综合整理，就可以得出工作规范的总体内容。工作规范的本质是分析任职者应具备的个体条件，这些条件主要包括身体、心理、知识经验、职业品德等几个方面。

4. 工作说明书，又称职位说明书、岗位说明书，是对企业各类工作岗位的工作性质、任务、责任、权限、工作内容与方法、工作应用实例、工作条件与工作环境及人员资格条件等所做的统一要求。

工作说明书的主要内容包括工作标识、工作概要、工作职责与任务、工作联系、工作的绩效标准、工作环境条件、工作规范。

5. 工作说明书提供了关于岗位的众多基础性信息，在人力资源管理活动中具有重要作用，它是人力资源管理活动的基本依据。具体来说，工作说明书的作用有：有利于实现组织优化；是员工目标管理的依据；为招聘、录用、培训员工提供依据；是绩效考核的基本依据；是进行工作评价从而确定薪酬的前提。

6. 在编写工作说明书过程中会存在一些常见的问题，包括：①对工作说明书的内容结构认识不清；②对工作职责界定不清；③编写过程存在很大的随意性和盲目性；④工作说明书内容零乱、不成体系；⑤工作说明书更新不及时等。

7. 一般来说，科学编制工作说明书应注意以下几个方面：①定位清晰，高层认同；②员工的参与和配合；③逐步分层实施；④格式统一，用语准确，内容得当；⑤及时沟通；⑥建立动态管理机制。

四、论述题

编制工作说明书的一般准则包括：确定工作说明书的内容；选择工作说明书的格式；岗位界定；使用专业词汇；使用规范文字；使用正确的表述方式；使用统一的格式；多层次、多角度审核把关。工作说明书的内容要依据工作分析的目的加以调整，内容可简可繁。工作说明书可以采用叙述形式，也可采用表格形式。在界定岗位时，必须指明工作范围和性质，可使用“为部门”或“按照经理的要求”这样的词语来说明。在编制工作说明书时，选用最专业的词汇来表示，如分析、搜集、分解、监督等。工作说明书中，应使用规范文字填写，字迹要清晰，地方不够可续页。使用简明、直接的语言。所有的工作说明书最好都用统一的格式，注意整体协调，做到美观大方。为了做好工作说明书的编写工作，需要企业高层领导、人力资源管理部门、典型岗位代表、部门经理及主管、员工代表、外聘工作分析专家协调工作、共同审核把关。

五、案例分析

1. 该工作说明书编写得不规范。主要表现为：对工作说明书的内容结构认识不清；对工作职责界定不清；编写过程存在很大的随意性和盲目性；工作说明书内容零乱、不成体系。

2. 编写规范的工作说明书应该遵循编制工作说明书的一般准则：

(1) 确定工作说明书的内容。

(2) 选择工作说明书的格式。

(3) 岗位界定。

(4) 使用专业词汇。

(5) 使用规范文字。

(6) 使用正确的表述方式。

(7) 使用统一的格式。

(8) 多层次、多角度审核把关。

第5章 工作设计

考核内容

员工与工作之间的相互适应与匹配,是现代企业管理中的重要问题。通过工作设计确定企业员工工作活动的范畴、责任及工作关系,有利于更好地提高员工的工作效率与工作生活质量,充分地发挥每位员工的工作能力与积极性。本章主要考核内容有:掌握工作设计的概念、基本原则、内容、要求及一般步骤,掌握工作设计的理论与方法,了解知识型员工工作设计的一般思路,并根据知识型员工的工作特点对其工作进行设计。

一、工作设计概述

（一）工作设计的概念

工作设计是指为了有效地达到组织目标与满足个人需求而进行的工作内容、工作职能和工作关系的设计。工作设计分为两类：一是对企业中新设置的工作岗位进行设计；二是对已经存在的缺乏激励效应的工作进行重新设计，也称工作再设计。

（二）工作设计的基本原则

工作设计是十分重要的科学管理技术，好的工作设计是做好工作的先决条件。现代工作设计十分强调工作生活质量的改进，力求做到员工与工作的完善配合，在提高工作效率的同时保证较高的工作满意度。在工作设计中必须坚持效率原则、工作生活质量原则、系统化设计原则。

工作生活质量要素包括：工作的挑战性和吸引力，工作的自主性与自由度，工作的多样化与丰富化，合理的工作负荷与节奏，安全舒适的工作环境，工作中个人需要与个性特点的满足，上级与下属、平级人员之间的良好工作关系等。

（三）工作设计的内容

工作设计涉及工作系统的各个方面，所包含的内容包括工作任务、工作职能、工作关系、工作结果、对工作结果的反馈、人员特性、工作环境等。

（四）工作设计的要求

（1）确保组织任务的顺利完成。

（2）有助于发挥人的能力，提高组织效率。

（3）明确岗位职责。

（4）应考虑现实的可能性。

（五）工作设计的一般步骤

（1）需求分析。工作分析的第一步就是对原有工作状况进行调查诊断，以决定是否应进行工作设计，应着重在哪些方面进行改进。

（2）可行性分析。在确认工作设计之后，还应进行可行性分析。

（3）评估工作特征。在可行性分析的基础上，正式成立工作设计小组负责工作设计。

（4）制订工作设计方案。根据工作调查和评估的结果，由工作设计小组提出可供选择的工作设计方案，在方案确定后，可选择适当部门与人员进行试点，检验效果。

（5）评价与推广。根据试点情况及进行工作设计的效果进行评价。

（六）工作设计中应注意的问题

工作设计意味着用新的工作体系取代旧的工作体系，其实质是一场组织变革。

工作设计的改进主要包括以下内容：①任务；②技术；③结构；④人员。

在工作设计中应注意以下问题：①依据具体情况，合理选择工作设计模式；②分阶段实施，逐步推进；③上下齐心，共同合作；④加强员工培训，提高工作素质。

二、工作设计理论

（一）古典工作设计理论

古典工作设计理论开始于20世纪初的科学管理活动。特点是强调工作任务的简单化、标准化和专业化，以实现工作活动的高效率。

古典工作设计理论主要包括工业工程方法和工业心理方法。

（二）现代工作设计理论

现代工作设计理论非常重视人所固有的本能和心理需求，提出工作设计在提高生产效率的同时，不应超越人固有本能所承受的范围，并要满足人的心理需求，要做到技术系统与社会系统的综合优化。

现代工作设计理论包括双因素理论、社会技术系统理论、工作特征理论、跨学科理论、HP工作设计理论、柔性工作设计理论。

三、工作设计方法

组织是由成千上万的任务构成的，这些任务可以组合为工作，工作因任务组合的方式不同而各不相同。这就要求我们要根据具体情况，灵活选用工作设计方法。最常见的工作设计方法主要有工作专业化、工作轮换、工作扩大化、工作丰富化、工作团队、压缩工作周、弹性工作制、工作分享制、应急工制度、远程工作。

四、知识型员工的工作设计

知识型员工的个性特点有自主意识强、注重自我价值的实现、藐视行政权力、流动性大。

知识型员工的工作特点有工作具有创造性、工作过程难以监控、工作成果很难衡量。

知识型员工工作设计的一般思路：基于知识型员工及其工作的特点，知识型员工的工作设计应以激励理论为指导。同时，由于工作内容本身及个体在工作中自我价值的实现程度等因素，对知识型员工能起到最大的激励效果，针对知识型员工的工作设计应遵循“以能为本”的理念。对知识型员工的工作进行设计时，必须向员工授权，重视工作任务的特征，并围绕着工作团队进行工作设计。

重点和难点

本章重点是工作设计的概念、工作设计的基本原则、工作设计的内容、工作设计的要求、工作设计的一般步骤、工作设计中应注意的问题、现代工作设计理论、工作设计的方法以及根据知识型员工的工作特点及其工作进行设计。难点是工作设计中应注意的问题、工作设计的方法及如何根据知识型员工的工作特点对其工作进行设计。

同步综合练习题

一、单项选择题

1. 为了有效地达到组织目标和满足个人需要而进行的工作内容、工作职能和工作关系的设计称（　　）。
   A. 工作描述　　B. 工作设计
   C. 工作说明书　　D. 工作规范
2. 工作设计的实质是（　　）。
   A. 工作任务变革　　B. 工作结构变革
   C. 工作职责变革　　D. 一场组织变革
3. 通过增加工作深度来使员工对工作拥有更多的自主权、独立性和责任感的是（　　）。
   A. 工作轮换　　B. 工作专业化
   C. 工作扩大化　　D. 工作丰富化
4. 通过工作范围来增加工作任务横向多样性的是（　　）。
   A. 工作轮换　　B. 工作专业化
   C. 工作扩大化　　D. 工作丰富化
5. 要求员工每周工作一定的时数，但在限定范围内可以自由地变更工作时间的一种时间安排方案是（　　）。
   A. 弹性工作制　　B. 压缩工作周
   C. 工作分享制　　D. 应急工作制
6. 岗位工作允许任职者在工作时间、工作方法、工作程序、质量控制及其他方面拥有更大的自由性、独立性或者相机行事决策权的是（　　）。
   A. 任务多样性　　B. 知识与技能多样性
   C. 工作自主性　　D. 任务重要性
7. 针对知识型员工的工作设计应遵循（　　）的理念。
   A. 以能为本　　B. 以知为本
   C. 以价为本　　D. 以物为本
8. 将职权和权力委派给下属称（　　）。
   A. 转让　　B. 授权
   C. 转移　　D. 越权
9. 古典工作设计理论始于（　　）。
   A. 科学管理运动　　B. 双因素理论
   C. 社会技术系统理论　　D. 工作特征理论
10. 将科学管理与人际关系方法结合起来的工作设计方法是（　　）。
    A. 双因素理论　　B. 社会技术系统理论
    C. 跨学科理论　　D. HP 工作设计理论
11. 最早采用自我管理工作团队的公司是（　　）。
    A. 沃尔沃汽车公司　　B. 克莱斯勒公司

C. 通用汽车公司
D. 电话电报公司

12. 适合实施弹性工作制的工作是（　　）。

A. 百货商店的营业员
B. 办公室接待员
C. 科研人员
D. 转配线上的操作工人

二、多项选择题

1. 工作设计的要求是（　　）。

A. 确保组织任务的顺利完成
B. 明确工作任务
C. 有助于发挥人的能力，提高工作效率
D. 明确岗位职责
E. 应考虑现实的可能性

2. 工作设计的改进涉及组织中的各种因素，主要包括（　　）。

A. 职责
B. 任务
C. 技术
D. 结构
E. 人员

3. 古典工作设计理论的特点是强调工作任务的（　　）。

A. 职业化
B. 简单化
C. 标准化
D. 专业化
E. 人性化

4. （　　）是最常见的工作设计方法。

A. 工作专业化
B. 工作制度化
C. 工作机械化
D. 工作丰富化
E. 工作扩大化

5. 知识型员工的个性特点是（　　）。

A. 自主意识强
B. 注重自我价值的实现
C. 重视行政权力
D. 流动性小
E. 流动性大

6. 知识型员工的工作特点是（　　）。

A. 工作过程容易监控
B. 工作具有创造性
C. 工作成果容易衡量
D. 工作过程难以监控
E. 工作成果很难衡量

7. 激励知识型员工的因素有（　　）。

A. 个体成长
B. 工作自主程度
C. 工作难度
D. 业务成就
E. 薪酬福利

8. 工作设计的影响因素包括（　　）。

A. 劳动者个人特征
B. 劳动条件
C. 工艺技术
D. 管理方式

E. 政策机制

9. 工作设计的基本原则主要包括（　　）。

A. 协调原则　　B. 经济原则

C. 工作生活质量原则　　D. 效率原则

E. 系统化设计原则

10. 工作设计的效果评价指标主要包括（　　）。

A. 管理层的意见　　B. 员工的态度和反映

C. 员工的工作绩效　　D. 企业的投资成本和效益

E. 企业的产品

11. 属于现代工作设计的理论包括（　　）。

A. 工业工程方法　　B. 工业心理方法

C. 双因素理论　　D. 社会技术系统理论

E. 工作特征理论

12. 双因素理论中的保健因素通常包括（　　）。

A. 公司政策　　B. 具有挑战性的工作

C. 工作责任　　D. 物质工作条件

E. 人际关系

三、简答题

1. 简述工作设计的内容。
2. 简述工作设计的一般步骤。

四、论述题

1. 试述工作设计的基本原则。
2. 试述工作设计的要求。

五、案例分析

汽车制造业是瑞典工业中的一个重要领域，而沃尔沃（Volvo）汽车公司又是其中的佼佼者。虽然从世界范围来看，它算不上大公司。从 20 世纪 60 年代中期起，它的汽车出口翻了一番，占它全部销售额的 70%，虽仅占世界汽车市场的 2.5%，却已占瑞典全年出口总额的 8%以上，可谓举足轻重了。该公司的管理本来也是一直沿用传统方法，重技术、重效率、重监控。直到 1969 年，工人的劳动态度问题已变得十分尖锐，该公司不得不考虑改革管理方法。

沃尔沃公司领导分析了传统汽车制造工作设计，认为它最大的问题是将人变成机器的附庸。所谓装配线不过是一条传送带穿过一座充满零部件和材料的大仓库罢了。这套生产系统的着眼点是那些零部件，而不是人。人分别站在各自的装配点上，被动地跟在工作件后面，疲于奔命地去“照葫芦画瓢”而已。这套制度的另一个问题，是形成了一种反社交接触的气氛。工人们被分别隔置在分离的岗位上，每个岗位的作业周期又那样短（一般为 30～60 秒），根本没有片刻偷闲。因此，沃尔沃试图通过用自动机器来取代较繁重艰苦的工作，来向工人表明，公司是尊重人的。但随即发现此方法治标不治本。这时，公司才觉醒，认为在工作方面要治本，必须进行彻底的再设计。所以，他们在设计卡尔玛轿车厂时，希望能体现以人而不是以物为主的精神，决定取消传统的装配传送带。以人为中心来布置工作，就是要使人能在行动中互相合作、讨论，自己确定如何来组织。管理要从激励着眼，而不是从限制入手。所以，该厂工人都自愿组成 15～25 人的作业组，每组分管一定的工作，如车门安装、电器接线、车内装潢等。组内可以彼此换工，也允许自行跳组。小组可自行决定工作节奏，只要跟得上总的生产进程即可，何时暂歇、何时加快可以自定。每组各设有进、出车体缓冲存放区。

这个厂的建筑也颇独特，由三栋两层及一栋单层的六边形厂房拼凑成十字形。建筑的窗户特别大，分隔成明亮、安静而有相对独立性的小车间。没有了传送带，底盘和车身是由专门的电动车传送来的。这种车沿地面敷设的导电铜带运动，由计算机按既定程序控制。不过当发现问题时，工人可以手工操作，使它离开主传送流程。例如，见油漆上有一道划痕，工人便可把它转回喷漆作业组，修复后再重返主流程，仍归计算机制导。车身在电动车上可作 90 度滚动，以消除传统作业中因姿势长期固定而引起的疲劳。同时，各作业组自己检验质量并承担责任。当发现某质量问题一再出现时，这个情况立即在相应作业组终端屏幕上显示出来，并附有以前对同类问题如何排除的资料。这屏幕不仅报忧，也同时报喜，质量优秀稳定的信息也及时得到反馈。产量、生产率、进度数据则定期显示。

据 1976 年的调查，几乎该厂全体职工都表示喜欢新方法。沃尔沃公司便又陆续按这种非传统方式，建造了另外四家新厂，每厂规模都是不到 600 名职工。当时这一改革相当冒险，因为一旦失败，不仅经济上代价高昂，公司内外信誉也会遭巨大损失。而卡尔玛工厂的成功鼓励他们再进一步。卡尔玛改革的核心是群体协作，工人以作业组为单元活动。但这是一个另起炉灶的新建小厂，它是否也能用于按传统观点设计并运转多年的大型老厂呢?这是一种颇为不同而风险更大的改革尝试。沃尔沃在西海岸哥德堡市建有一家 8000 人的托斯兰达汽车厂，是 1964 年完全按传统装配线设计建造的。它生产的汽车构成该公司产品的主体，改造略有不慎必将影响到生产，损失将是极为巨大的。所以，总部一直没有对它采用任何措施。但是，该厂管理人员在工会和全体职工配合下自己搞起了工作再设计的试验。这个厂设有吸收工人参加并有较大发言权的各级工作委员会及咨询小组 55 个，没有工人同意，改革寸步难行。因为任何改革总要引起短期的不习惯与不方便，工资制度上也要适应由个人奖到小组集体奖的转变。这个厂改革的第一步是放权，尽量使它的冲压、车身、喷漆和装配四大车间成为自主的实体，因为每个车间各有其独特问题，不能一刀切。例如，1973 年，车身车间组成一个专题工作组来解决降低噪声与粉尘问题。车间主动请来应用美术学院的专家，几经摸索，把这个车间变成全公司最明亮整洁的场所之一。改革自己的工作条件，变成了一种有吸引力的挑战。各级工作委员会和咨询组都有一定经费解决自己的问题。于是形成了浓郁的改革气氛。又如，车内装潢车间，流水线上设有 15 个装配点。早在这厂刚投产的 1964 年，工人中就有人主张经常换换岗位，因为老在同一岗位上干，不但乏味，而且身体某些部位易疲劳。可是另一些工人不愿意，直到 1966 年这些工人才自己定了一套轮换制度，每人都学会这 15 个岗位上的操作技术而成为多面手，每天轮换一次至数次，并自己负责检验自己干的活计和负责纠正缺陷。这时，他们不但体验到换岗能减轻劳累，而且培育出一种群体意识。后来他们把全组工作的计划与检查都接收过来，使工作更加丰富化了，全组缺勤与离职率大幅度下降，工作质量也提高了。工作从轮换到扩大化直至丰富化，人们对工作的满意感逐步增加。托斯兰达厂在1970年，仅3%的装配工人搞工作轮换，1971年达到10%，1972年达到18%，然后开始加速，1973年达到30%，1977年已达60%。改革自己的工作内容成了多数工人的自然要求。但总有少数人，特别是年纪偏大的，是始终不喜欢任何改变的。到1976年末期，这厂的装配车间才开始有人跟传统的装配线告别，组成了两个各有9人参加的作业组，每组承包一定辆数的汽车装配，作业改到装配工作台上去进行。9名组员什么都干，从底盘装配到车身与车门安装，直至最后内部装修与检验。每组每周要开一次至数次生产组务会，研究生产情况及解决问题的办法。渐渐地，装配工作台完全取代了装配线。

诚然，这种工厂的基建与设备投资要比常规厂高一至三成，占地面积也要大些。但沃尔沃公司声称它们的得远大于失，赔钱的买卖它们是不会干的。装配台平均约每小时装配成一辆车，生产率至少不低于装配线，而工人满意感大增，离职率从40%～50%降到25%，质量有所上升。尽管瑞典的劳力成本一直是全世界最高的，但沃尔沃却能保持一直赚钱，利润占销售额的百分比仍属汽车业中最高的三家之一。

思考题：

1. 沃尔沃公司的工作再设计过程说明了什么？
2. 从沃尔沃公司工作再设计中我们能得到什么启发？

参考答案

一、单项选择题

1. B	2. D	3. D	4. C	5. A
6. C	7. A	8. B	9. A	10. D
11. A	12. C			

二、多项选择题

1. ACDE	2. BCDE	3. BCD	4. ADE	5. ABE	6. BDE
7. ABDE	8. ABCDE	9. CDE	10. BCD	11. CDE	12. ADE

三、简答题

1. 工作设计涉及工作系统的各个方面。具体来说，工作设计主要包括以下内容。

(1) 工作任务。要考虑工作是简单重复的，还是复杂多样的，工作要求的自主性程度怎样，以及工作的整体性如何。

（2）工作职能。工作职能指每项工作的基本要求和方法，包括工作责任、工作权限、工作方法及协作要求。

（3）工作关系。工作关系指个人在工作中所发生的人与人之间的联系，谁是他的上级、谁是他的下级、他应与哪些人进行信息沟通等。

（4）工作结果。工作结果主要是指工作的成绩与效果，包括工作绩效和工作者的反应。工作绩效是指工作任务完成达到的数量、质量和效率等具体指标；工作者的反应是指工作者对工作的满意程度、出勤率和离职率等。

（5）对工作结果的反馈。对工作结果的反馈主要是指工作本身的直接反馈（如能否在工作中体验到自己的工作成果）和来自别人对所做工作的间接反馈（如能否及时得到同级、上级、下属人员的反馈意见）。

（6）人员特性。人员特性主要包括对人员的需要、兴趣、能力、个性方面的了解，以及相应工作对人的特性要求等。

（7）工作环境。工作环境主要包括工作活动所处的环境特点、最佳环境条件及环境安排等，一个好的工作设计可以减少单调重复性工作的不良效应，充分调动劳动者的工作积极性，也有利于建立整体性的工作系统。

2. 工作设计的一般步骤如下：

（1）需求分析。工作分析的第一步就是对原有工作状况进行调查诊断，以决定是否应进行工作设计，应着重在哪些方面进行改进。

（2）可行性分析。在确认工作设计之后，还应进行可行性分析。

（3）评估工作特征。在可行性分析的基础上，正式成立工作设计小组负责工作设计，由工作设计小组负责调查、诊断和评估原有工作的基本特征，分析比较，提出需要改进的方面。

（4）制订工作设计方案。根据工作调查和评估的结果，由工作设计小组提出可供选择的工作设计方案，工作设计方案中包括工作特征的改进对策，以及新工作体系的工作职责、工作规程与工作方式等方面的内容。

（5）评价与推广。根据试点情况及进行工作设计的效果进行评价。评价主要集中于三个方面：员工的态度和反应、员工的工作绩效、企业的投资成本和效益。如果工作设计效果良好，应及时在同类型工作中进行推广应用，在更大范围内进行工作设计。

四、论述题

1. 工作设计的基本原则：

（1）效率原则。工作设计应使工作活动具有更高的输出效率，有效地改进、提高工作效率，通过良好的工作设计，使组织成员更好地明确工作职责与分工范畴，形成良好的工作协调与合作关系，提高组织的有序性、均衡性与连续性，创建符合员工个体特征的工作活动模式，促进员工能力的充分发挥。

（2）工作生活质量原则。工作设计应符合员工对工作生活质量的要求。工作生活质量体现了员工与工作中各方面之间的关系，反映了员工生理与心理需要在工作中得到满足的程度。工作生活质量的提高，可使员工对工作产生更为满意与向往的心情，增强归属感，并由此形成良好的组织气氛，提高组织的活动效能。

（3）系统化设计原则。工作设计是一项复杂的系统工程，工作设计应充分考虑工作中各个方面的影响，包括组织体系、工艺技术、管理方式、工作者、工作环境等。努力寻求各方面因素的最佳组合，使之在工作系统中构成良好的协调关系。

2. 工作设计的要求：

（1）确保组织任务的顺利完成。全部岗位的集合通过工作设计应能顺利地完成组织的总任务，即组织运行所需的每一项工作都落实到具体的岗位中去。

（2）有助于发挥人的能力，提高组织效率。这就要求工作设计要全面权衡，找到一个最佳的结合点，保证每一个人都能高效地工作，并有利于工作积极性的发挥。如果工作负荷过低，会导致人、财、物的浪费；如果超负荷工作，又会影响员工的工作情绪，并给机器设备造成不必要的损害。

（3）明确岗位职责。全部岗位所构成的责任体系应能保证组织目标的实现，即组织运行所要达到的每一项工作结果，组织内每一项资产的安全及有效运行都必须明确由哪个岗位负责，不能出现责任空缺的情况。

（4）应考虑现实的可能性。每个岗位规定的任务、责任由当时的资源条件决定，不能脱离资源的约束来单独考虑组织的需要。

五、案例分析

1. 沃尔沃公司的工作再设计过程说明了工作丰富化是人类社会进步的需要和提高管理水平的需要。企业通过降低工作专业化程度，变革工作的内容、职能、关系和反馈等，增强员工的工作满意度。企业应尽可能地把工作设计得更具有挑战性，富有成就感和责任感，更强的工作自主性，实现工作的丰富化。在工作丰富化的过程中，在注意有关工作内容、工作职能、工作关系等主要特征改变的同时，还应针对每个人的个性特点来重新设计工作任务。

2. （1）工作丰富化对于很多企业的工作设计来说，都有着一定的现实意义。它与常规性、单一性的工作设计方法相比较，能够提供更大的激励和更高的工作满意度，从而提高了工作者的生产效率和产品质量，还能降低工作者的离职率和缺勤率。

（2）工作丰富化的一般步骤：①建立一个由高层经理、部门经理、专业工作人员和有经验的职工代表组成的工作丰富化领导小组；②选择一些工作任务，分析这些工作任务的激励因素是什么；③邀请职工讨论重组工作任务，重点分析工作内容的构成，强调完成工作任务的激励因素；④组织职工参与设计与试验丰富化的工作，并对职工的成就感和工作态度进行实验前后的测量和对比；⑤允许对试验存在不同的意见，以实验结果表明工作丰富化的成就。

第6章 工作评价

考核内容

工作评价通过一定的方法来确定企业内部工作与工作之间的相对价值。具体来说，就是在工作说明书的基础上，综合运用多种科学理论和方法，按照一定的客观标准，从工作岗位的工作环境、劳动强度、承担责任、所需资格条件等因素出发，对工作岗位进行系统衡量、评价的过程。本章主要考核内容有：掌握工作评价的特点、基本功能、步骤和选择评价因素的原则，掌握工作评价的一般方法，并能应用评分法进行工作评价。

一、工作评价概述

工作评价是一项系统工程，其全部工作可概括为系统设计、现场实施、数据处理。

（一）工作评价的特点

（1）工作岗位评价是对企事业单位各类岗位的相对价值进行衡量的过程。
（2）工作岗位评价是对同类不同层级岗位的相对价值衡量评比的过程。
（3）工作岗位评价的中心是客观存在的“事”和“物”，而不是现有的人员。

（二）工作评价的基本功能

（1）以量值表现岗位的特征。
（2）比较岗位价值的大小。
（3）为实现薪酬管理的内部公平公正提供依据。

（三）工作评价应掌握的信息

工作岗位评价所需要的岗位信息可通过两个渠道获得：直接的信息来源和间接的信息来源。

（四）工作评价的步骤

岗位分类→搜集岗位信息→成立工作评价小组→选择评价方法→确定评价因素→确定评价标准→试点→全面实施→提交工作评价报告→总结。

二、工作评价指标体系的建立

（一）选择评价因素的原则

工作评价不但要明确工作状况和工作量的差异，还要满足企业人力资源管理基础工作的需要，促进人力资源管理工作的发展。因此，必须在决定工作岗位工作状况和工作量的众多因素中，选择合适的因素，进行全面、科学的评价。

（二）评价指标体系的建立

任职者在岗位工作过程中，运用智力和消耗体力都受工作环境和其他因素的影响。我们把这几方面的影响综合归纳为工作责任、工作技能、劳动强度、工作环境和社会心理因素等几个主要因素。在工作评价中，一般将工作责任、工作技能、劳动强度、工作环境和社会心理因素分成22个指标。

三、工作评价方法

（一）排列法

排列法是根据各种工作的相对价值大小或对组织贡献的大小由高到低对其进行排列的

一种工作评价方法。由于这种方法只是根据工作岗位的相对价值按高低次序进行排列，不需将工作内容进行分解，所以它也是诸多工作评价方法中最简单、最易操作的一种。

（二）分类法

分类法是排列法的改进。它是在工作分析的基础上，采用一定的科学方法，按岗位的工作性质、特征、难易程度、工作责任大小和人员必备的资格条件，对企业全部（或规定范围内）岗位所进行的多层次划分。

（三）评分法

评分法也称为点数法，是在选定岗位主要影响因素的基础上，采用一定的分值（点数）表示每一因素，并按预先规定的衡量标准，对现有岗位的各个因素逐一评比、估价，求得分值，然后将岗位每项因素的分值加总，最后得到各个岗位的总分值，并作为判定不同工作相对价值大小的依据。

（四）因素比较法

因素比较法和评分法的主要区别在于，各要素的权重不是事先确定的。先选定岗位的主要影响因素，然后将工资额合理分解，使之与各个影响因素相匹配，最后再根据工资数额的多寡决定岗位的高低。

（五）海氏工作评价系统

海氏工作评价系统有效地解决了不同职能部门的不同职务之间相对价值的相互比较和量化的难题，在世界各国上万家大型企业推广应用并获得成功，被企业界广泛接受。海氏工作评价系统实质上是一种评分法，是将付酬因素进一步抽象为具有普遍适用性的三大因素，即技能水平、解决问题能力和风险责任，相应设计了三套标尺性评价量表，最后将所得分值加以综合，算出各个工作岗位的相对价值。

四、工作评价的实施

工作评价的实施要求是：要运用科学的技术方法对评价指标进行测定；要运用系统论的思想对测定工作进行全面考虑；各个部门、各个方面的专业人员要协同合作；评价人员要有认真负责的科学精神；工作评价必须是动态的；工作评价应该公开化。

重点和难点

本章重点是工作评价的特点、工作评价的作用与功能、工作评价的步骤、选择评价因素的原则、工作岗位的主要影响因素、排列法的操作步骤、分类法的操作步骤、评分法的操作步骤及因素比较法的操作步骤。难点是对排列法的操作步骤、分类法的操作步骤、评分法的操作步骤及因素比较法的操作步骤及其在实际中的应用。

同步综合练习题

一、单项选择题

1. 通过一定的方法来确定企业内部工作与工作之间的相对价值称（　　）。
A. 工作分析　　B. 工作描述
C. 工作评价　　D. 工作考核

2. 工作评价的中心是以（　　）为对象。
A. 工作分析　　B. 工作描述
C. 工作评价　　D. 工作考核

3. 工作评价是对企业各类岗位的（　　）进行衡量的过程。
A. 有形价值　　B. 无形价值
C. 相对价值　　D. 绝对价值

4. 根据岗位职责要求给予任职者相应的权限叫（　　）。
A. 以事定岗　　B. 以岗定人
C. 以岗定责　　D. 以责定权

5. 岗位在工作过程中对任职者技术素质方面的要求是（　　）。
A. 工作责任　　B. 工作技能
C. 劳动强度　　D. 工作环境

6. 岗位在工作过程中对任职者身体的影响是（　　）。
A. 工作责任　　B. 工作技能
C. 劳动强度　　D. 工作环境

7. 评价岗位物资消耗对成本的影响程度是（　　）。
A. 产品责任　　B. 消耗责任
C. 看管责任　　D. 管理责任

8. 评价岗位净劳动时间长短的是（　　）。
A. 劳动率　　B. 劳动紧张程度
C. 体力劳动强度　　D. 工时利用率

9. 通过工作评价，可以使企业将岗位（　　）转化为（　　），为建立公平合理的薪酬制度提供客观依据。
A. 量值，货币值　　B. 货币值，量值
C. 绝对价值，相对价值　　D. 相对价值，绝对价值

10. 在工作评价中，适用于结构稳定、规模较小的企业的方法是（　　）。
A. 评分法　　B. 分类法
C. 排列法　　D. 因素比较法

11. 最简单、最容易操作的工作评价方法是（　　）。
A. 评分法　　B. 分类法
C. 排列法　　D. 因素比较法

12. 最初由美国联邦政府使用的工作评价方法是（　　）。

A. 评分法　　B. 分类法

C. 排列法　　D. 因素比较法

二、多项选择题

1. 工作评价的功能是（　　）。

A. 以事定岗　　B. 以岗定人

C. 以岗定责　　D. 以责定权

E. 以责定酬

2. 选择评价因素的原则是（　　）。

A. 容易操作性　　B. 代表性

C. 全面性　　D. 可评价性

E. 实用性

3. 工作岗位的主要影响因素是（　　）。

A. 工作责任　　B. 工作技能

C. 工作质量　　D. 劳动强度

E. 工作环境

4. 工作评价的方法有（　　）。

A. 评分法　　B. 参与法

C. 分类法　　D. 分析法

E. 因素比较法

5. 评分法的主要优点是（　　）。

A. 专业性强　　B. 科学性

C. 客观性　　D. 准确性

E. 省时省力

6. 因素比较法的主要优点是（　　）。

A. 评定结果比较公正　　B. 操作简单

C. 耗费时间少　　D. 各种影响因素所占比例主观判断少

E. 减少了工作量

7. 工作评价是一项系统工程，其全部工作可概括为（　　）。

A. 系统设计　　B. 现场实施

C. 组织协调　　D. 数据处理

E. 调查研究

8. 工作评价的信息来源主要有（　　）。

A. 内部信息来源　　B. 外部信息来源

C. 直接信息来源　　D. 间接信息来源

E. 综合信息来源

9. 对排列法的缺点描述正确的有（　　）。

A. 缺乏严格的、科学的评判标准，使评价结果弹性大

B. 虽简便易行，但费用仍比较高

C. 需要评价人员有丰富的知识和经验，对每个被评价岗位的工作细节了如指掌
D. 相对简单、粗糙
E. 简便易行，费用低

10. 分类法的优点主要包括（　　）。
A. 比较简单，所需经费相对较少
B. 其结果比排列法更准确、客观
C. 能够消除岗位评价的诸多争议与分歧
D. 得出的等级结构能如实反映组织结构的情况
E. 在实际应用中有较强的灵活性和适应性

三、简答题

1. 简述工作评价的基本功能。
2. 简述工作评价的特点。
3. 简述排列法的优缺点。
4. 简述分类法的优缺点。
5. 简述评分法的优缺点。
6. 简述因素比较法的优缺点。

四、论述题

1. 试述工作评价的步骤。
2. 试述选择工作评价要素应遵循的原则。

五、案例分析

一个小型机械加工厂最近一年来生产效率低下、员工士气低落。究其原因，管理层认为是前一年的迅速扩张导致厂内很多关系没有理顺，新老员工之间、不同岗位之间、不同层次之间的工资报酬差异很大、杂乱无章，从而导致该厂内部人际关系不协调，人员“跳槽”现象频繁。为此，该厂的厂长希望通过工作评价来改变现状。

思考题：

1. 通过工作评价能否改变该厂的现状？
2. 该厂应该如何进行工作评价？

参考答案

一、单项选择题

1. C	2. A	3. C	4. D	5. B	6. C
7. B	8. D	9. A	10. C	11. C	12. B

二、多项选择题

1. ABCDE　2. CDE　3. ABDE　4. ACE　5. BCD
6. ACE　7. ABD　8. CD　9. ACD　10. ABDE

三、简答题

1. （1）以量值表现岗位的特征。工作评价对岗位工作的繁简难易程度、责任大小、工作环境、所需要的资格条件等因素，在定性分析的基础上进行定量测评，通过工作评价把指标从定性化变成定量化，表现出岗位的量化价值。

（2）比较岗位价值的大小。由于对性质相同相近的岗位，制定了统一的测量、评定标准，从而单位内各个岗位之间，能够在客观衡量自身价值量的基础上进行横向、纵向比较，并具体说明其在企业单位中所处的地位和作用。

（3）为实现薪酬管理的内部公平公正提供依据。工作评价将员工在企业里的作用和贡献量化，这样就使企业将岗位量值转化为货币值，为建立公平合理的薪酬制度提供了客观依据。

2. （1）工作岗位评价是对企事业单位各类岗位的相对价值进行衡量的过程。在工作岗位评价的过程中，根据预先规定的衡量标准，对岗位的主要影响因素逐一进行评价，由此得出各个岗位的价值量。这样，各个岗位之间也就有了比较的基础。

（2）工作岗位评价是对同类不同层级岗位的相对价值衡量评比的过程。工作岗位评价的最后结果，不但为岗位的分类分级提供了前提，也为企事业单位构建具有公平公正性的薪酬制度奠定了基础。由于不同性质岗位之间的影响因素各不相同，不具有可比性，所以，工作评价是对性质相同或相近岗位的评价。

（3）工作岗位评价的中心是客观存在的“事”和“物”，而不是现有的人员。以“员工”为对象的衡量、评比，属于人事考核或员工素质测评的范畴，而工作岗位评价虽然也会涉及岗位员工，但它是以岗位员工的工作活动为对象进行的评价。岗位的“事”和“物”是客观存在的，是企事业单位生产或工作的重要组成部分。

3. 排列法的优点：

（1）简单易行，费用比较低。

（2）将每个岗位作为一个整体来进行评价，避免了由工作要素的分解引起的矛盾和争论。

排列法的缺点：

（1）这种方法完全是凭借评定人员的知识和经验主观进行评价，缺乏严格的、科学的评价标准，评价结果弹性大，容易受到其他因素的干扰。

（2）要做出正确的排列，需要评价人员有丰富的知识和经验，对每个被评价岗位的工作细节了如指掌。

（3）虽然可以将不同岗位之间的价值高低判断出来，但无法确定不同岗位之间价值的具体差异。

（4）由于没有对工作岗位进行因素比较，此方法显得相对简单、粗糙。

4. 分类法的优点：

(1) 比较简单，所需经费、人员和时间也相对较少。这种方法在工作内容不太复杂的部门，能在较短的时间内取得满意的结果。

(2) 由于等级标准都是参照有关影响因素制定的，所以其结果比排列法更准确、客观。当出现新的工作或工作变动时，按照等级标准很容易确定其等级。

(3) 由于等级与组织结构之间的相应关系及等级的数量在工作评价之前就已经确定下来，所以采用分类法得出的等级结构能如实反映组织结构的情况。

(4) 分类法在实际应用中有较强的灵活性和适应性。

分类法的缺点：

(1) 等级说明过于一般化，对不同系统的岗位评价存在着相当大的主观性，也容易导致许多争议与分歧。

(2) 等级标准常常在知道分级结果之后才能被确定下来，从而影响了评定结果，其准确度较差。

(3) 与排列法一样，分类法也很难说明不同等级岗位之间的价值差距到底有多大。

5. 评分法的最大优点就是其科学性、客观性、准确性及由此所带来的相对公平性。另外，一旦评价系统设计完成，使用起来也十分方便。

缺点是工作评价系统的设计比较困难，专业性强，工作量大，较为费时费力。

6. 因素比较法的优点：

(1) 评定结果较为公平。因素比较法把各种不同工作中的相同因素相互比较，然后再将各因素的工资累计，减少了主观性。

(2) 耗费时间少。进行评定时，所选定的影响因素较少，从而避免了重复，简化了评价工作的内容，缩短了评价时间。

(3) 减少了工作量。由于因素比较法事先确定标准岗位的系列等级，然后以此为基础，分别对其他各类岗位进行评定，大大减少了工作量。

因素比较法的缺点：

(1) 各影响因素在岗位价值中所占的百分比，完全是评价人员的主观判断，这必然影响评定的准确性、客观性。

(2) 操作起来相对比较复杂，而且很难对员工们做出解释，尤其是对各因素的工资分配有时候很难说明其理由。

四、论述题

1. (1) 按岗位的工作性质，先将企事业单位的全部岗位划分为若干个大类。例如，某高等学校将教师的岗位分成了教学岗、教学科研岗、科研教学岗和科研岗四大类；某公司将本企业的岗位区分为技术岗、管理岗、营销岗和生产岗四大类。岗位类别的多少，应根据企事业单位的生产规模或工作范围、产品或服务繁杂程度等具体情况来决定。

(2) 搜集有关岗位的各种信息，既包括岗位过去的，也要包括现今的各种相关数据资料；既应当有各种文字性资料，也应当有其他种类的信息，如通过现场调查获得的第一手的访谈记录、音像资料。

（3）建立由岗位分析评价专家组成的工作岗位评价小组，培训有关的评价人员，使他们系统地掌握工作岗位评价的基本理论和方法，能够独立地完成对各个层级工作岗位的综合评价。

（4）制订出工作岗位评价的总体计划，并提出具体的行动方案或实施细则。

（5）在广泛收集资料的基础上，找出与岗位有直接联系、密切相关的各种主要因素及其指标，列出细目清单，并对有关指标做出说明。

（6）通过评价专家小组的集体讨论，构建工作岗位评价的指标体系，规定统一的衡量评比标准，设计有关调查问卷和测量评比的量表。

（7）先抓几个重要岗位进行试点，以便总结经验，发现问题，采取对策，及时纠正。

（8）全面落实工作岗位评价计划，按照预定方案，逐步组织实施，包括岗位测量评定、资料整理汇总、数据处理储存、信息集成分析等项具体工作的开展。

（9）最后撰写出企事业单位各个层级岗位的评价报告书，提供给各有关部门。

（10）对工作岗位评价工作进行全面总结，以便汲取工作岗位评价工作的经验和教训，为以后岗位分类分级等项工作的顺利开展奠定基础。

2. 工作评价不但要明确工作状况和工作量的差异，还要满足企业人力资源管理基础工作的需要，促进人力资源管理工作的发展。因此，必须在决定工作岗位工作状况和工作量的众多因素中，选择合适的因素，进行全面、科学的评价。

（1）少而精的原则。工作岗位评价要素及其指标的设计和选择应当尽量简化。结构精简的评价指标体系，便于测定人员掌握和运用，可以缩短测量、比较、汇总、整理等项工作的周期，减少数据采集、处理、存储、传输的费用，节省人力、物力和时间，提高工作岗位评价的效率。

（2）界限清晰便于测量的原则。对每个要素及所包含的具体的评价指标都要给出明确的定义，使其内涵明确，外延清晰，范围合理。各要素及其具体指标的名称，要简洁概括，名副其实，防止含糊不清、界限不明，避免产生错觉，影响测评的质量。

（3）综合性原则。要素及其所属评价指标的设计，一定要符合“用尽量少的指标反映尽可能多的内容”的要求，将若干相近、相似的项目归结为同一个具有代表性的项目指标。有时，为了便于测量，对一个综合性很强的要素，也可以分解成2～3个子要素，并分别做出界定。

（4）可比性原则。在工作岗位评价指标体系的总体设计上，一定要坚持可比性原则，所谓“可比性”应当体现在：不同岗位之间可以在时间上或空间上进行对比，各个不同岗位的任务可以在数量或质量上进行对比，各个不同岗位的评价指标可以从绝对数或相对数上进行对比等。

五、案例分析

1. 通过工作评价能够改变该厂的现状，这是因为工作评价具有以下功能：

（1）以量值表现岗位的特征。工作评价对岗位工作的繁简难易程度、责任大小、工作环境、所需要的资格条件等因素，在定性分析的基础上进行定量测评，通过工作评价把指标从定性化变成定量化，表现出岗位的量化价值。

（2）比较岗位价值的大小。由于对性质相同或相近的岗位，制定了统一的测量、评定标准，从而单位内各个岗位之间，能够在客观衡量自身价值量的基础上进行横向、纵向比较，并具体说明其在企业单位中所处的地位和作用。

（3）为实现薪酬管理的内部公平、公正提供依据。在企事业单位中，员工的劳动报酬是否能够体现效率优先、兼顾公平原则，实现“多劳多得、少劳少得、不劳不得”，是影响员工士气及生产积极性、主动性的一个很重要的因素。当员工按时、按质、按量地完成本岗位的工作任务以后，获得了相应的劳动报酬，他们可能会得到一定程度的满足。在企事业单位中，要使员工的薪酬能够更好地体现内部公平、公正的原则，就应当实现“以事定岗，以岗定人，以职定责，以职责定权限，以岗位定基薪，以绩效定报酬”。工作评价将员工在企业里的作用和贡献量化，这样就使企业将岗位量值转化为货币值，为建立公平合理的薪酬制度提供了客观依据。

2. 工作岗位评价的主要步骤如下：

（1）按岗位的工作性质，先将企事业单位的全部岗位划分为若干个大类。例如，某高等学校将教师的岗位分成了教学岗、教学科研岗、科研教学岗和科研岗四大类；某公司将本企业的岗位区分为技术岗、管理岗、营销岗和生产岗四大类。岗位类别的多少，应根据企事业单位的生产规模或工作范围、产品或服务繁杂程度等具体情况来决定。

（2）搜集有关岗位的各种信息，既包括岗位过去的，也要包括现今的各种相关数据资料；既应当有各种文字性资料，也应当有其他种类的信息，如通过现场调查获得的第一手的访谈记录、音像资料。

（3）建立由岗位分析评价专家组成的工作岗位评价小组，培训有关的评价人员，使他们系统地掌握工作岗位评价的基本理论和方法，能够独立地完成对各个层级工作岗位的综合评价。

（4）制订出工作岗位评价的总体计划，并提出具体的行动方案或实施细则。

（5）在广泛收集资料的基础上，找出与岗位有直接联系、密切相关的各种主要因素及其指标，列出细目清单，并对有关指标做出说明。

（6）通过评价专家小组的集体讨论，构建工作岗位评价的指标体系，规定统一的衡量评比标准，设计有关调查问卷和测量评比的量表。

（7）先抓几个重要岗位进行试点，以便总结经验，发现问题，采取对策，及时纠正。

（8）全面落实工作岗位评价计划，按照预定方案，逐步组织实施，包括岗位测量评定、资料整理汇总、数据处理储存、信息集成分析等具体工作的开展。

（9）最后撰写出企事业单位各个层级岗位的评价报告书，提供给各有关部门。

（10）对工作岗位评价工作进行全面总结，以便汲取工作岗位评价工作的经验和教训，为以后岗位分类分级等项工作的顺利开展奠定基础。

第7章 工作分析与员工招聘

考核内容

工作分析能够为员工招聘提供有效的工作信息。企业在进行招聘工作时，只有了解招聘岗位的工作职责、任务及应聘者应具备的资格条件，才能有针对性地对应聘者进行选聘。本章主要考核内容有：掌握以工作分析为基础的人力资源规划与人员配置，了解工作分析对招聘信息的确定与发布、候选人的筛选与选拔的影响。

一、人力资源规划与人员配置

(一) 人力资源规划的含义

人力资源规划，是指组织从发展战略和发展目标出发，根据其内外部环境的变化，预测未来的组织任务和环境对人力资源的需求，以及为满足这些需求而提供人力资源的过程。

制订人力资源规划的目的是确保组织在适当的时间和不同的岗位上获得适当的人选，满足不断变化的组织在数量、质量、层次和结构上对人力资源的需求，并最大限度地开发和利用组织内现有人员的潜力，使组织和员工的需要得到充分满足。

(二) 人力资源规划与企业人员配置

1. 人力资源需求预测

人力资源需求预测是以组织的战略目标和发展计划、经营目标、工作岗位、工作任务为依据的。人力资源需求量取决于组织的生产、服务需求，以及相关的投入、产出要素的变化等。

人力资源需求预测的方法有现状预测法、经验预测法、德尔菲法、自下而上法、趋势分析法等。

2. 人力资源供给预测

人力资源供给预测是指为了满足组织未来对人员的需求，根据组织内部条件和外部环境，对企业未来从内部和外部可获得的人力资源的结构、数量和质量进行预测。

为了进行内部人力资源供给预测，组织需要对现有人力资源的数量、质量、结构和在各岗位上的分布状态进行核查，从而掌握组织可供调配的人力资源拥有量及其利用潜力，建立人力资源信息系统。

3. 人力资源供求的确定

组织人力资源供求平衡分析会出现三种情况：供求平衡、供不应求、供过于求。

4. 人员预算的编制

人员预算实际就是企业的招聘工作计划。人员预算的主要内容包括：①人员数量，需要招聘的人员数量有多少；②人员类型，需要招聘的人员是长期的固定员工，还是临时性的；③岗位，需要招聘的人员将从事哪些岗位的工作，相关的工作说明是什么；④时间，在不同的时间段需要什么，以及什么类型的员工；⑤薪酬预算，所招聘人员的薪酬水平是怎样的。

二、工作分析与员工招聘

(一) 工作分析与员工招聘的关系

人员招聘是组织发展中极为重要的一方面，新补充的人员素质将影响组织未来发展的成败，人员招聘是否及时也影响组织的任务是否能按期开展。同时人员招聘又是一项耗费大量人力、物力和财力的工作。如果盲目招聘，则不但员工的素质无法保证，而且会造成经济损失。因此，要使招聘有效地发挥招聘人才的作用，工作分析是其中很重要的环节。

（二）工作分析与招聘信息的关系

有关招聘工作岗位的相关信息可以根据工作分析的结果——工作说明书和工作规范来确定。工作说明书表明了空缺岗位的职责和工作任务，空缺岗位在组织中所处的层次及与其他有关岗位的关系。工作规范则表明担任此工作岗位的员工应具备的资格条件，如学历、工作经验、知识背景、技能水平、需要使用的设备、岗位对员工的特殊要求（如身体条件）等。

（三）工作分析与候选人资料筛选的关系

通过各种招聘渠道招募到应聘者之后，面临的一个问题就是人员筛选了。为使筛选决策有一定的基础，必须很好地运用工作分析的方法。工作分析在候选人资料筛选中的应用主要包括确定学历、专业、工作经验和资格证书等主要考察指标。

（四）工作分析与面试的关系

面试是通过向应聘者搜集信息以验证应聘者是否具备承担所应聘工作岗位能力的过程。面试又可分为结构化面试、非结构化面试和混合面试。通过选用招聘岗位中所需完成的典型工作任务、所需知识、技能要求询问应聘者，了解应聘者的实际工作能力。

重点和难点

本章重点是人员预算的主要内容和员工招聘的流程。难点是员工招聘的流程。

同步综合练习题

一、单项选择题

1. 对员工的未来发展潜力及可能承担的工作做出评价称（　　）。
   A. 发展潜力评价　　B. 优势与劣势评价
   C. 工作评价　　D. 技能评价
2. 根据组织现有人员的数量和结构，预测组织在未来某一时点完成预计任务所需要的人员数量是（　　）。
   A. 现状预测法　　B. 经验预测法
   C. 自上而下法　　D. 统计学方法
3. 根据组织内部管理人员或外部专家对外部环境变化、组织应对变化的经验估计，预测组织在中、短期的人力资源需求的是（　　）。
   A. 现状预测法　　B. 经验预测法
   C. 自上而下法　　D. 统计学方法
4. 人员需求信息往往需要通过（　　）审核。
   A. 岗位分析　　B. 部门分析
   C. 职务分析　　D. 岗位和职务分析
5. 人员预算实际就是企业的（　　）。
   A. 招聘工作计划　　B. 工作分析计划
   C. 岗位分析计划　　D. 培训需求计划
6. 关于工作说明书的编写，错误的是（　　）。
   A. 使用语言应该具有较强的专业性
   B. 对基层员工工作的描述应该更加详细、具体
   C. 工作职责的描述应符合逻辑顺序
   D. 可用完成某项职责所占的比重来说明该职责的重要性
7. 为招聘开展工作分析的侧重点是（　　）。
   A. 岗位的职责与胜任能力　　B. 每一项工作应达到的能力和水平
   C. 衡量每一项工作的标准　　D. 定岗与定编
8. 一般来说，（　　）岗位更适合从内部招聘任职者。
   A. 技术类　　B. 行政类
   C. 生产类　　D. 营销类
9. 人们分析和思考问题的能力是（　　）。
   A. 协调能力　　B. 应变能力
   C. 认知能力　　D. 计划能力
10. 通过测试衡量候选人所具备的对于履行应聘岗位职责所必需的知识是（　　）。
    A. 认知能力测试　　B. 身体能力测试
    C. 业务知识测试　　D. 工作样本测试
11. 根据应聘者个人的智力特征对应聘者加以区分是（　　）。

A. 认知能力测试　　B. 身体能力测试
C. 业务知识测试　　D. 工作样本测试

12. 在确定候选人是否能胜任所招聘的工作岗位时，依据（　　）判断其是否具有较强的解决问题能力和决策能力。
A. 技术技能　　B. 认知能力
C. 工作风格　　D. 人际技能

13. 面试中的“晕轮效应”表现为（　　）。
A. 所有的考官都应向应聘者问类似的问题
B. 考官在面试时想到了应聘者的心理测试分数
C. 考官只用一方面的特性来判断应聘者的整体素质
D. 考官没有将应聘者的有关信息整合起来

14. 关于结构化面试，错误的是（　　）。
A. 信息丰富、深入、完整　　B. 结果不容易进行统计分析和比较
C. 能够获得非语言行为信息　　D. 被测试者的报告带有一定的主观性

二、多项选择题

1. 关于工作说明书的编写，表述正确的是（　　）。
A. 要尽可能详尽地描述所有职责
B. 工作职责的罗列应该符合逻辑顺序
C. 使用语言应通俗易懂
D. 对于基层员工的工作描述应更具体
E. 可以用完成某项职责所用的时间比重来说明

2. 为了满足组织未来发展对人员配置的需求，需要进行（　　）。
A. 工作评价　　B. 人力资源供给预测
C. 人力资源需求预测　　D. 发展潜力评价
E. 优势与劣势评价

3. 招聘需求的产生包括（　　）。
A. 组织的自然裁员　　B. 员工离职
C. 组织的财务预算　　D. 部分员工长期超负荷工作
E. 业务量增大

4. 制订人力资源规划的目的有（　　）。
A. 确保组织在适当的时间和不同的岗位上获得适当的人选
B. 满足不断变化的组织在数量、质量、层次和结构上对人力资源的需求
C. 最大限度地开发和利用组织内现有人员的潜力
D. 降低组织成本
E. 使组织和员工的需要得到充分满足

5. 人力资源需求预测的依据是（　　）。
A. 组织的战略目标　　B. 组织的发展计划
C. 组织的经营目标　　D. 组织的工作岗位

E. 组织的工作任务

6. 影响组织人力资源需求的主要因素有（　　）。

A. 能力因素　　B. 组织内部因素

C. 组织外部因素　　D. 素质因素

E. 人力资源自身因素

7. 人员预算的主要内容包括（　　）等方面。

A. 人员数量　　B. 人员类型

C. 岗位　　D. 时间

E. 薪酬预算

8. 关键胜任能力的内容包括（　　）。

A. 技术技能　　B. 观察能力

C. 认知能力　　D. 表达能力

E. 人际技能

9. 最典型工作样本测试有（　　）。

A. 公文筐处理　　B. 无领导小组讨论

C. 业务知识测试　　D. 管理游戏

E. 认知能力测试

10. 有关招聘工作岗位的相关信息可以根据（　　）确定。

A. 工作说明书　　B. 岗位设置

C. 工作设计　　D. 岗位分类

E. 工作规范

11. 对于招聘而言，工作分析的侧重点是（　　）。

A. 该岗位的工作职责　　B. 该岗位对任职者的要求

C. 每一项工作应达到的要求　　D. 衡量每一项工作的标准

E. 关键考核指标

12. 通过发布广告招聘人员的优势有（　　）。

A. 信息发布迅速　　B. 传播范围广

C. 应聘人员数量大　　D. 作用效果长，信息量多

E. 应聘人员素质较高

13. 面试基本问题的来源主要是（　　）。

A. 个人档案　　B. 简历

C. 申请表　　D. 体检表

E. 工作说明书

14. 制订招聘计划的主要依据有（　　）。

A. 工作分析　　B. 人力资源规划

C. 职业生涯规划　　D. 招聘程序

E. 招聘策略

三、简答题

1. 简述人力资源供给预测的内容。
2. 简述人员预算的主要内容。
3. 简述能岗匹配原理的含义。
4. 简述能岗匹配原理的内容。

四、论述题

论述工作分析与员工招聘的关系。

五、案例分析

H公司是一家生产型企业，由私人投资兴办，成立于2000年。其公司负责人刘总正在为公司的招聘问题烦恼。H公司成立以来，业务量日益增长，市场逐渐扩大，逐步站稳了脚跟。前一段时间，公司新添加了一些新产品的制造业务，同时也增设了相应的新岗位。因此，人力资源部门的李经理向刘总提出了招聘的要求。这一建议得到了刘总的支持。

公司发展到现在，业务得到了新的拓展，要增加一些新的岗位，如新产品的制造部经理、技术主管等岗位。现有的在职员工的知识素质、技能似乎还差一截。因此，李经理想利用此次机会招聘优秀的外部人才为公司新产品的生产制造注入新的活力。人力资源部门抽取了一些工作人员，再加上一些重要部门的主管，构成了招聘小组，开始招聘工作。此次招聘与以往不同的是，李经理认为公司要获取持久的竞争优势，并能够长久发展，必须招聘一些知识层次较高、工作经验丰富、能力素质都很优秀的人才加入到公司中来。

招聘后，新员工试用的效果并不尽如人意。许多刚刚应聘的人员提出了换岗或者干脆主动放弃该工作机会。人力资源部的李经理对此困惑不已。新招进来的员工共6人，基本上都有两年以上制造业的工作经验。从学历看，其中有3个博士，2个硕士，1个本科生。他们都被安排在了新产品制造各个岗位中，公司提供的薪水并不低，领导对他们的工作基本持满意态度，再者，工作环境也比较理想，因此，对于新员工主动提出辞职，李经理陷入了沉思。他找来部门主管，询问了新产品的制造情况，发现岗位设置不大合理，特别是岗位对任职者的需求和实际任职者的能力之间存在较大差异。新招的员工具有良好的专业背景，并且拥有相关工作经验，他们的能力水平超过了这些岗位对员工的技能要求。因此，许多人认为工作没有挑战性，工作成就感很难获得，提出了辞职的要求。李经理认为应该要再认真思考一下这些问题了。

思考题：

1. 为什么会出现新聘员工主动辞职的问题？
2. 该案例对我们的启示是什么？

参考答案

一、单项选择题

1. A　2. B　3. B　4. B　5. A　6. A
7. A　8. B　9. C　10. C　11. A　12. D
13. C　14. C

二、多项选择题

1. BCD　2. BC　3. ABDE　4. ABCE　5. ABCDE　6. BCE
7. ABCDE　8. ACE　9. ABD　10. AE　11. AB　12. ABC
13. BCE　14. AB

三、简答题

1. 人力资源供给预测是指对组织中现有的工作和人员配置的情况进行了解，掌握组织中现有工作岗位的数量、类型、目前的绩效情况、员工所具备的工作技能和提升潜力、工作岗位对人员的要求及目前工作人员与工作岗位的适应情况，掌握组织在未来某一时间内可能的人力资源供应情况。

2. 人员预算实际就是企业的招聘工作计划。一般来说，企业人力资源部门每一年或半年要组织各个部门编制一次人员预算。人员预算的主要内容包括以下几个方面：

(1) 人员数量。需要招聘的人员数量有多少。

(2) 人员类型。需要招聘的人员是长期的固定员工，还是临时性的。

(3) 岗位。需要招聘的人员将从事哪些岗位的工作，相关工作说明是什么。

(4) 时间。在不同的时间段需要多少员工，以及需要什么类型的员工。

(5) 薪酬预算。所招聘人员的薪酬水平是怎样的。

3. 能岗匹配包含两个方面的含义：一是指某个人的能力完全能胜任该岗位的要求，即所谓人得其职；二是指岗位所要求的能力这个人完全具备，即所谓职得其人。能岗匹配原理指人的能力与岗位要求的能力完全匹配，这种匹配包含着“恰好”的含义，二者的对应使人的能力发挥得最好，岗位的工作任务也完成得最好。

4. (1) 人有能级的区别。首先要承认人有能力的区别，不同能级的人应承担不同的责任，不同的能级应相应表现出在责、权、利等方面的不同要求。

(2) 不同专长的人无法比较其能级。对于具有不同专长的人是无法比较其能级大小的，如果不考虑专长的区别就去考虑能级的区别，能级就是永远无法准确判断的概念。

(3) 同一系列不同层次的岗位对能力的结构和能力的大小有不同的要求。由于层次不同，其岗位的职责和权力也不同，所要求的能力结构和能力大小也有显著区别。一般来说，技术能力和现场操作能力要求会随着管理层次的升高而降低；管理能力和人际关系能力要求则随着管理层次的升高而提高。

（4）不同系列相同层次的岗位对能力有不同的要求。由于工作系列不同，虽然处于同一层次，其能力结构和专业要求也有显著的不同。

（5）能级与岗位的要求应符合。一般来说，只有当能级与岗位的要求相匹配时，才能保证组织的工作效率，组织也处于相对稳定状态，有利于组织的长期、稳定、健康发展。

四、论述题

在组织的招聘工作中，工作分析在招聘信息的来源、人员招募、候选人资格的筛选和聘用等方面都具有重要的作用。

（1）有关招聘工作岗位的相关信息可以根据工作分析的结果——工作说明书和工作规范来确定。工作说明书表明了空缺岗位的职责和工作任务，空缺岗位在组织中所处的层次及与其他有关岗位的关系。工作规范则表明担任此工作岗位的员工应具备的资格条件，如学历、工作经验、知识背景、技能水平、需要使用的设备、岗位对员工的特殊要求（如身体条件）等。

（2）工作分析在候选人资料筛选中的应用主要包括确定学历、专业、工作经验和资格证书等主要考察指标。候选人资料筛选和审核的工作可以通过查阅应聘者背景及电话联系等方式进行，将资料中已有的信息和通过其他方法了解的信息与工作规范中的资格要求相比较，初步审查工作申请者是否具备应聘的基本资格。

（3）工作分析在面试中的价值主要体现在帮助确立面试中所需考察的职位知识、经验与能力要求。因为工作分析是针对工作本身进行的分析，所以提供的信息关注的是职位专业性要求。工作说明书中任职者资格方面的要求是职位的起码要求，提供的信息是职位的基本知识、能力、工作经验等，这些和面试提问考察的专业性内容是一致的。

五、案例分析

1. 这个案例是一个比较典型的因员工“能岗不匹配”产生的问题。主要原因是招聘小组对这些拟招聘岗位的任职要求并不明确，只是抱着“必须招聘一些知识层次较高、工作经验丰富、能力素质都很优秀的人才”想法。这种想法违背了人力资源招聘中的黄金法则——能岗匹配原理。能岗匹配包含两个方面的含义：一是指某个人的能力完全能胜任该岗位的要求，即所谓人得其职；二是指岗位所要求的能力这个人完全能达到，即所谓职得其人。能岗匹配有以下几种情况：一是员工能力与岗位要求一致，留住人才的可能性较大；二是员工能力大于岗位要求，人才流失的可能性最大；三是员工能力小于岗位要求，被动离岗的可能性最大；四是员工能力略低于岗位要求，经过培训后，人才保留的可能性最大。本案例中的新招聘员工正好碰到上述的第二种情况。员工在工作过程中，产生不满情绪，导致工作效率降低，造成资源的浪费，既无法很好地完成组织的目标，又影响了其职业发展。

2. 该案例带来的启示是：在人员招聘过程中必须坚持招聘的黄金法则——能岗匹配原理。只有遵守能岗匹配的黄金法则，企业才能招聘到适合特定工作岗位的、理想的人才，而不再不加分析地，盲目追求所谓“高学历、高素质、能力强”的优秀人才。企业新增了一些新产品的制造岗位，此时，人力资源部门的工作人员应及时对这些岗位开展工作分析，明确工作岗位的工作职责、任务目标、能力要求等，制定符合实际岗位情况的工作说明书和岗位规范。然后在此基础上，进行相关岗位的人员的招聘才是比较恰当的。

第8章 工作分析与员工培训

考核内容

工作分析与员工培训密不可分，企业要想提高培训工作的针对性和有效性，就必须在了解不同岗位的工作性质和内容，所需要的知识、能力与技能的基础上确定培训的内容与方式。本章主要考核内容有：掌握工作分析与员工培训的关系、工作分析与培训需求的确定、培训方案设计的原则及培训效果评估。

一、工作分析与员工培训的关系

员工培训是指使用一定的科学方法，通过对员工在知识、技术、能力和态度方面的训练，提高员工的能力，从而提高员工当前或未来的工作绩效。

工作分析与员工培训的关系是：工作分析有利于员工培训需求的确定，工作分析是设计员工培训方案的基础。

二、工作分析与培训需求的确定

（一）培训需求分析

培训需求分析指的是在工作过程中确定培训需求，并确保在满足这些需求的同时，公司的金钱、时间及努力不会浪费在无谓的培训活动中。

（二）培训需求评估的作用

（1）了解受训员工现有的全面信息。
（2）确定员工的知识、技能需求。
（3）明确培训的主要内容。
（4）提供培训材料。
（5）了解员工对培训的态度。
（6）可以获取管理者的支持。
（7）有利于估算培训的成本。
（8）避免时间和金钱的浪费。
（9）使培训做到量体裁衣。
（10）提供测量培训效果的依据。

（三）培训需求分析的必要性

对症下药，才能药到病除，培训工作也是如此。企业经营管理会遇到许多不同的问题，解决企业存在问题的方法或途径也有所不同。因此，在开展培训工作时首先就要分析培训是否必要，或者说培训是否是解决问题的最优方法。

培训需求分析是培训成功的关键步骤，主要包括三个方面：组织分析、工作分析与个人分析。

（四）培训需求分析的步骤

（1）记录绩效表现中存在的问题。
（2）对绩效问题进行调查。
（3）制订培训需求分析计划。
（4）选择分析工具。
（5）实施分析。
（6）整理分析数据。

（7）撰写分析报告。

（五）工作分析与培训需求确定

培训需求分析是以对工作任务的分析为基础的，培训需求的确定步骤如下：

（1）根据组织战略目标需要确定需进行分析的工作。

（2）根据该工作岗位的工作说明书列出基本的任务及完成这些任务所需技能、知识的清单。

（3）列出员工完成每一项工作任务的具体步骤。

（4）根据内外部环境的变化重新确认工作任务和所需技能。

（5）为各工作岗位制定针对培训需求分析的调查表，如业绩考核指标培训需求调查表、具体能力培训项目调查表、任职资格培训信息调查表等，通过让员工填写这些表格，可以收集到关于培训的有关资料。

三、工作分析与培训方案设计

培训方案的设计原则有：①明确培训目标；②了解受训者情况；③知识性与趣味性相结合；④注重实际体验；⑤考虑个体差异；⑥反馈。

企业培训的效果在很大程度上取决于培训方法的选择。常见的培训方式主要有：①课堂讲授法；②工作指导法；③视听技术法；④研讨法；⑤案例研究法；⑥角色扮演法；⑦游戏法；⑧工作轮换法；⑨网络培训法；⑩参观访问法。对以上各种培训方法，我们可按需要选用一种或若干种并用或交叉应用。

四、培训效果评估

完成一次培训究竟给员工和企业带来什么，这就涉及培训效果的评估问题。培训的效果可以从以下四个方面进行分析：①所确定的工作任务是否符合实际；②培训目标是否直接与工作任务相关；③培训目标的实现程度；④管理者对经过培训的员工的感受如何。

重点和难点

本章重点是确定培训需求的步骤、培训方案设计的原则及培训方案的具体设计。难点是培训方案的设计。

同步综合练习题

一、单项选择题

1. 使用一定的科学方法，通过对员工在知识、技术、能力、态度等方面的训练，提高员工的能力，从而提高员工当前或未来的工作绩效称（　　）。

A. 员工培训　　B. 员工评价

C. 员工指责　　D. 员工考核

2. 设计员工培训方案的基础是（　　）。

A. 工作任务　　B. 工作分析

C. 工作内容　　D. 工作设计

3. 在确保满足培训需求的同时，企业的金钱、时间及努力不会浪费在无谓的培训活动中，需要进行（　　）。

A. 培训需求方案制订　　B. 培训需求方法选择

C. 培训需求分析　　D. 培训需求确定

4. 员工培训也有一个培训效果问题，需要进行（　　）。

A. 工作任务分析　　B. 工作内容分析

C. 投资收益分析　　D. 培训目的分析

5. 培训需求分析是培训成功的关键步骤，其内容不包括（　　）。

A. 组织分析　　B. 个人分析

C. 绩效分析　　D. 工作分析

二、多项选择题

1. 员工培训是指使用一定的科学方法，通过对员工在（　　）方面的训练，提高员工的能力，从而提高员工当前或未来的工作绩效。

A. 知识　　B. 技术

C. 能力　　D. 学历

E. 态度

2. 大多数人都希望争取到更多的培训机会，因为培训可以让员工（　　）。

A. 接触新东西　　B. 学习新知识

C. 掌握新技能　　D. 享受培训时脱离工作的轻松

E. 享受跨区域培训带来的新鲜感

3. 了解受训者情况是通过工作分析了解员工在他们的工作任务中（　　）。

A. 哪些人需要培训

B. 哪些知识、技能已经老化

C. 哪些态度不利于工作业绩的表现

D. 培训经费是多少

E. 哪些方面的改变能促进生产率的提高

4. 培训所需的投入包括（　　）。

A. 人力　　B. 能力
C. 精力　　D. 物力
E. 财力

5. 培训效果可以从哪些方面进行评估（　　）。
A. 所确定的工作任务是否符合实际
B. 培训目标是否直接与工作任务相关
C. 培训目标的实现程度
D. 管理者对经过培训的员工的感受如何
E. 员工的能力高低

6. 培训的重要性主要表现为（　　）。
A. 培训能够使员工更加认同组织文化，更加清楚组织目标
B. 培训能使员工加深对岗位要求的理解，提高员工分析问题、解决问题的能力和专业技术水平，减少工作失误和事故
C. 培训可以提高企业开发与研制新产品的能力
D. 当培训产生效果时，就可以减少管理成本，使管理者从日常管理事务中解脱出来，用更多的精力考虑全局性、战略性问题
E. 培训具有激励作用，有利于提高员工的工作积极性，增强员工的归属感和成就感

7. 培训需求分析主要从（　　）方面展开。
A. 政策分析　　B. 组织分析
C. 工作分析　　D. 个人分析
E. 环境分析

8. 在培训需求分析的过程中，需要准确地了解以下问题（　　）。
A. 工作任务是什么，完成工作任务所需的知识、技能是什么
B. 员工是否具备工作岗位所需的知识、技能，是否存在上岗前的培训需求
C. 员工是否知道应该怎样做这份工作
D. 员工是否了解工作的标准
E. 员工的工作方法与技巧怎么样

9. 常见的培训方式主要有（　　）。
A. 课堂讲授法　　B. 工作指导法
C. 视听技术法　　D. 研讨法
E. 角色扮演法

10. 常规管理培训课程的培训绩效一般表现在如下方面（　　）。
A. 系统地了解管理学基础知识，提升管理者的管理技能
B. 加强管理者对自身角色和工作职责的认识，产生主动管理意识
C. 对以往管理经验进行重整，明确其中的偏差并掌握纠偏和改进的方法
D. 掌握基本管理工具的应用
E. 提高工作的计划性、目标性和效率

11. 人力资源管理人员培训课程的绩效主要表现在以下方面（　　）。
A. 提高对国家有关劳动法律法规的掌握程度

B. 提高遵守国家有关劳动法律法规的意识
C. 系统掌握人力资源管理的基础理论
D. 提高人力资源管理者的战略意识
E. 提高人力资源管理者招聘、培训、组织设计、管理制度设计方面的具体工作能力

三、简答题

简述确定培训需求的步骤。

四、论述题

1. 试述培训方案设计的原则。
2. 试述工作分析与员工培训的关系。

五、案例分析

飞天制造公司是一家生产厨具和壁炉设备的小型企业，大约有150名员工，比尔是这家公司的人事经理。这个行业的竞争性很强，飞天公司努力使成本保持在最低水平上。在过去的几个月中，公司因为产品不合格问题已经失去了三个主要客户。经过深入的调查发现次品率为12%，而行业平均次品率为6%。副总裁斯皮尔和总经理索洛在一起讨论后认为问题不是出在工程技术上，而是因为操作员工缺乏适当的质量控制培训。索洛使斯皮尔相信实施一个质量控制的培训项目将使次品率降低到一个可以接受的水平上，然后他接受了斯皮尔的授权负责设计和实施这一项目。斯皮尔很担心培训课程可能会影响生产进度，索洛强调说培训项目花费的时间不会超过8个工时，并且分解为4个单元，每个单元2小时来进行，每周实施一个单元。然后，索洛通过人事经理比尔向所有一线主管发出了一个通知，要求他们检查工作记录，确定哪些员工存在生产质量方面的问题，并安排他们参加培训项目。通知还附有一份讲授课程的大纲。在培训设计方案的最后，索洛为培训项目设定了下述的培训目标：将次品率水平在6个月内降低到标准水平6%。

培训内容包括讲课、讨论、案例研究和一部分录像。在准备课程时，教员把他讲义中的很多内容印发给每个学员，以便于学员准备每一章的内容。在培训过程中，学员花费了相当多的时间来讨论教材中每章后面的案例。由于缺少场所，培训被安排在公司的餐厅中举办，时间安排在早餐与午餐之间，这也是餐厅的工作人员清洗早餐餐具和准备午餐的时间。

本来应该有大约50名员工参加每个培训单元，但是平均只有35名左右员工出席。在培训检查过程中，很多主管人员向索洛强调生产的重要性。有些学员对索洛抱怨说，那些真正需要在这里参加培训的人已经回到车间去了。索洛认为评价这次培训最好的方法是看在培训项目结束后培训目标是否能够达到。结果，产品的次品率在培训前后没有发生明显变化。索洛对培训没有实现预定的目标感到非常失望。培训结束6个月后，次品率水平与培训项目实施以前一样。索洛感到自己压力很大，他很不愿意与斯皮尔一起检查培训评估的结果。

思考题：

1. 索洛的培训项目在设计方面有哪些问题？培训目标的设定存在什么问题？如何改进？

2. 你认为应该如何评估该公司此次培训的需求？

3. 质量控制中的问题总是可以通过员工培训来解决吗？你认为可以使用哪些其他的培训方法和技术来解决该公司的次品率问题？

参考答案

一、单项选择题

1. A　2. B　3. C　4. C　5. C

二、多项选择题

1. ABCE　2. ABCDE　3. BCE　4. ADE　5. ABCD　6. ABCDE
7. BCD　8. ABCDE　9. ABCDE　10. ABCDE　11. ABCDE

三、简答题

（1）根据组织战略目标需要确定需进行分析的工作。

（2）根据该工作岗位的工作说明书列出基本的任务及完成这些任务所需技能、知识的清单。

（3）列出员工完成每一项工作任务的具体步骤。

（4）根据内外部环境的变化重新确认工作任务和所需技能。

（5）为各工作岗位制定针对培训需求分析的调查表，通过让员工填写这些表格，可以收集到关于培训的有关资料。

四、论述题

1.（1）明确培训目标。在对组织、工作及员工进行分析之后，管理者应该对培训需求形成一个完整的图像。将这一图像文字化，就形成了培训中的目标指引。它描述了所需掌握的技能、知识和所期望的员工工作态度。

（2）了解受训者情况。通过工作分析可了解员工在他们的工作任务中哪些知识、技能已经老化，哪些态度不利于工作业绩的实现，哪些方面的改变能更加促进生产率的提高；通过对员工个人情况的分析，可以掌握他们的背景材料，了解他们是否有足够的知识与技能接受和消化培训内容。在综合评定他们的培训需求与学习能力后，有针对性地提供相关培训。必要时，管理者还可以通过设计问卷来了解员工对培训课程的接受能力和准备程度。

（3）知识性与趣味性相结合。任何有用的知识或技能如果以枯燥乏味的方式表达出来的话，员工对培训内容的接受程度就会很低。只有通过生动有趣的表达或者含义深远的阐述才能让员工接受，激发员工的学习愿望。要实现培训的生动有趣，借助教学设备或者实际案例让受训者投入其中是很重要的。

（4）注重实际体验。仅仅通过授课或讲座来传授知识技能，其效果远比不上让受训者亲自操作一遍。因此，在员工培训中，在传授相关知识技能的同时，还应给员工创造实际体验的机会，使员工真正掌握所学知识技能。

（5）考虑个体差异。不同类型的员工的学习方式也各不相同。例如，有些人看一遍材料就能把大意背出来，而有的需要三四遍甚至七八遍才可以记住。一些学员在大型讲座类的学习场合表现得极为糟糕，但在一些小型的讨论班内却游刃有余。因此，培训课程应该尽可能考虑并适应员工的个体差异，符合各类学员的学习风格和学习能力。

（6）反馈。伴随着员工培训的进展，通过实际的反馈，可以检查员工的知识进步情况，也有利于保持并激发员工的学习动力。采用测试手段或其他记录，可以将学习进展描绘在图表上，称为“学习曲线”。学习曲线指的是随着时间和经验的增加，每单位产出所需要的小时数会随一系列原因而下降。在培训中，随着受训者对培训课程的熟悉、对知识掌握程度的加深，会越来越容易地接收所培训的知识、技能与经验。

2. （1）工作分析有利于员工培训需求的确定。企业开展培训工作时，必须了解培训的需求、培训的目的，哪些人需要培训，培训的内容是什么，需要何种方式的培训，预期的培训结果是什么。而这些培训需求的确定都离不开工作分析，通过工作分析了解各岗位工作的性质与任务、所需的工作能力与操作技能，才能有效地开展培训工作，降低培训成本。

（2）工作分析是设计员工培训方案的基础。在企业中不同部门、层次、工作的岗位，其工作性质与内容、任职资格要求是不同的。完全按照一套培训课程进行培训将无法真正满足不同岗位的个性化培训需求，企业需要在工作分析的基础上，根据各岗位的不同特点，有针对性地设计不同岗位的培训方案，提高培训工作的有效性。

五、案例分析

1. 索洛的培训项目存在如下缺点：

（1）索洛没有对培训需求进行详细分析。具体表现在应该进行培训的员工没有参加培训，而不需要进行培训的员工却参加了，这很容易造成人力资源的浪费，同时也达不到培训的效果。

（2）培训过程中时间、地点安排不合理，员工无法集中精力进行学习。

（3）各级管理部门没能进行有效地沟通，导致对培训没有达成一致共识。这表现在，很多主管人员只强调生产的重要性。

（4）培训计划设计得不合理。对于操作性员工来说，最重要的是对生产流程的熟悉及操作规范的理解。培训不应偏重理论性而是实际操作，因此，培训计划应该更多的是进行现场操作指导。

目标设定：由于对质量目标由12%的次品率降为6%的时间设定过短，索洛可以申请使用一段较长的时间来达到目标。培训的对象要从次品率最高的那些员工着手。

2. 培训需求可以从三个层面来识别：组织层面，分析信息资源；工作层面分析，辨认出特殊的培训需求；个人层面分析，使用访谈和问卷调查、现场观察、工作采样、知识测试等方法。

3. 并不是所有的质量问题都可以通过培训来解决，原因可能是：①缺乏对员工的激励；②责、权、利不明确，导致操作员工的偷懒与“道德风险”问题；③操作流程不科学、不合理，导致无法对产品质量有效地监控。

解决办法：①实现员工操作流程的规范化；②完善制度，明确员工的责、权、利；③实施赏罚分明的奖励和惩罚措施。

第9章 工作分析与绩效管理

考核内容

工作分析是绩效管理的重要前提，为绩效管理提供了客观的依据。工作分析对不同岗位关键业绩指标的确定及绩效评估方式的选择有着重要影响。本章主要考核内容有：掌握工作分析与绩效管理的关系、岗位关键业绩指标的确定、绩效评估的方式选择等。

一、工作分析与绩效管理的关系

（一）绩效管理的含义及目的

绩效管理是依据一定的标准，对单位或个人的工作业绩进行管理的过程。绩效管理是一种检查工作与任务完成情况的手段。绩效管理的目的在于正确评价团队或个人的工作任务完成情况，促使组织成员产生与组织战略目标一致的行为，促使员工的成长与能力开发，并为员工的奖惩、升降职提供依据。

（二）绩效管理的意义

绩效管理的意义主要表现为：①改进管理效率，提高工作质量；②帮助员工改进工作，谋求发展；③为制定激励措施提供客观依据；④为员工培训提供明确方向；⑤是融洽员工关系的桥梁。

（三）工作分析与绩效管理的关系

（1）工作描述是影响绩效的最直接因素。员工的绩效是员工外显的行为表现，这种行为表现受很多因素影响。这些影响因素最终都会落实到具体工作目标中，而工作目标又决定了工作描述，所以，岗位工作描述是直接影响行为绩效的因素。

（2）岗位特点决定了绩效评估方式。采取什么样的方式进行绩效评估是我们进行绩效管理时所需要解决的一个重要问题。

（3）工作描述是设定绩效指标的基础。对一个岗位的任职者进行绩效管理应该设定哪些关键绩效指标，往往是由其关键职责决定的。

二、工作分析与绩效管理的具体操作

（一）关键业绩指标体系的确定

员工的工作可能不止一项任务，因此必须从员工的工作任务出发，分析员工工作中的关键工作领域和关键业绩指标，在各项关键业绩指标间分配权重，构成特定岗位的关键业绩指标体系。

在确定关键业绩指标时应注意以下原则：①关键性原则。确定需要衡量的关键业绩指标应该按在岗位中职责的重要性来排序，分配权重，最重要及占岗位工作时间百分比最多的职责应分配较大的权重。②可控性原则。用于衡量岗位职责完成与否的关键业绩指标应该是岗位所能直接影响（最好是唯一影响）的因素。③注重行为原则。由于在某些情况下，工作的结果并不完全由员工控制，所以如果可能的话，可将职责分解为工作任务流程或行为，从而衡量员工在实际工作中的行为。

（二）绩效评估人员的选择

一般来说，绩效评估人员可由 5 类人员组成，这 5 类人员分别是直接上级、同事、被评估者本人、直接上级和客户。

三、卓越绩效管理模式

卓越绩效管理模式包括领导、战略、顾客和市场、测量分析改进、人力资源、过程管理、经营结果等7个方面。

四、一岗一表能力绩效管理模式

绩效管理体系设计的基本原理包括结构-功能原理、测量-评定原理、定性-定量原理、静态-动态原理。

重点和难点

本章重点是工作分析与绩效管理的关系和确定关键业绩指标体系的原则。难点是确定关键业绩指标体系的原则。

同步综合练习题

一、单项选择题

1. 工作绩效一般是指员工的劳动行为表现及其（　　）。

A. 工作表现　　B. 工作成果

C. 工作成绩　　D. 工作效果

2. 依据一定的标准，对单位或个人的工作业绩进行管理的过程称（　　）。

A. 工作评价　　B. 工作考核

C. 绩效管理　　D. 经济管理

3. （　　）是对员工承担岗位工作的成果进行评定和估价。

A. 能力考核　　B. 态度考核

C. 业绩考核　　D. 绩效考核

4. 科学确定绩效考核的基础，要做好（　　）两方面的工作。

A. 确定考核办法和工作要项

B. 确定绩效标准和考核人员

C. 确定工作要项和绩效标准

D. 确定考核系统和考核人员

5. 影响绩效的最直接因素是（　　）。

A. 工作说明书　　B. 工作规范

C. 工作分析　　D. 工作描述

6. 设定绩效指标的基础是（　　）。

A. 工作说明书　　B. 工作规范

C. 工作分析　　D. 工作描述

7. 绩效评估的方式由（　　）决定。

A. 任职者特点　　B. 绩效评估标准

C. 岗位特点　　D. 绩效评估内容

8. 绩效评估标准是表明了按什么标准对工作的什么方面进行评估，下列说法不正确的是（　　）。

A. 绩效标准是可以衡量的　　B. 绩效标准是要广泛使用于不同时期的

C. 绩效标准是公开的　　D. 绩效标准是现实的

9. 下列绩效考核因素中，不属于能力考核的因素是（　　）。

A. 计划能力　　B. 经验阅历

C. 技能熟练程度　　D. 创新能力

10. 绩效考核指对员工的（　　）做比较，而通过工作分析可以确定绩效考核的标准。

A. 实际绩效与组织的期望　　B. 个人成绩与群众测评

C. 群众测评与组织的期望　　D. 实际绩效群众测评、组织期望

11. 绩效管理中存在的问题大都可以通过（　　）解决。

A. 岗位设置　　B. 工作分析

C. 工作评价　　　　D. 工作设计

12. 绩效考评周期的确定通常为（　　）。

A. 1 个月　　　　B. 3 个月

C. 半年　　　　D. 1 年

二、多项选择题

1. 绩效管理制度的内容包括（　　）。

A. 对各类人员的绩效考评方法、考评指标和标准体系做出说明和解释

B. 明确规定绩效管理的目标、程序和步骤

C. 明确规定在实施过程中应当遵守的基本原则和具体要求

D. 在企业单位中加强绩效管理的重要性和必要性

E. 对绩效管理制度的解释、实施和修改等问题做出必要的说明

2. 绩效管理的目的在于（　　）。

A. 正确评价团队或个人的工作任务完成情况

B. 促使组织成员产生与组织战略目标一致的行为

C. 促进员工的成长与能力开发

D. 为员工的奖惩提供依据

E. 为员工的升降职提供依据

3. 关于绩效管理制度的叙述正确的是（　　）。

A. 它由总则和主文组成，不包含附则

B. 绩效管理制度对绩效管理的目的、性质、意义做了规定

C. 绩效管理制度是企业组织实施绩效管理活动的准则和行为的规范

D. 它对组织绩效管理的程序、步骤及方法做了统一规定

E. 绩效管理制度是对绩效考核的具体规定

4. 各职能部门在绩效管理方面的主要责任是（　　）。

A. 处理员工在绩效考核方面的申诉

B. 及时对员工进行绩效反馈

C. 确保绩效考核制度符合法律要求

D. 调整部门与员工的工作计划

E. 提供与绩效考核有关的培训和咨询

5. 确定关键业绩指标体系的原则是（　　）。

A. 经济原则　　　　B. 关键性原则

C. 考虑个体差异原则　　　　D. 可控性原则

E. 注重行为原则

6. 绩效管理有利于提高培训的（　　）。

A. 针对性　　　　B. 广泛性

C. 有效性　　　　D. 减少盲目性

E. 周期性

7. 影响和制约员工工作绩效的因素包括（　　）。

A. 企业外部环境　　B. 企业内部因素
C. 员工心理条件　　D. 个人体力条件
E. 目标设定的合理性

8. 绩效评估方式的要素主要包括（　　）。
A. 谁进行评估　　B. 评估谁
C. 评估的周期安排　　D. 绩效评估的信息如何搜集
E. 采取什么样的形式进行评估

9. 基于奖惩的目的而进行的对于职能部门员工的绩效考核，应该由（　　）进行。
A. 上级　　B. 同事
C. 下级　　D. 自己
E. 有代表性的效考核委员会

10. 如果是出于晋升目的而进行的对中层管理者的考核，考核人员又应该由（　　）组成。
A. 被考核者的直接上级　　B. 被考核者本人
C. 被考核者的同事　　D. 被考核者的下级
E. 组成有代表性的绩效考核委员会

11. 评价者失误包括（　　）。
A. 个人的偏见　　B. 晕轮效应
C. 社会的偏见　　D. 居中趋势
E. 害怕出现情绪

12. 主管对绩效结果进行反馈时，应努力做到（　　）。
A. 集中于关键事项　　B. 运用反馈，因人而异
C. 给员工发言的机会　　D. 纠正被考核者的不良态度
E. 具有针对性

三、简答题

1. 简述绩效管理的含义及目的。
2. 简述工作分析与绩效管理的关系。
3. 简述确定关键业绩指标体系的原则。

四、案例分析

罗伯最近被任命为某州立大学主管行政事务的副校长，上任伊始他就面临着严重的问题。3 周前，校长就告诉他，他首先要做的事情之一就是改进该校的秘书和勤杂人员的工作绩效评价系统。该校绩效评价系统的主要问题是：它将工作绩效评价结果与年底的工资晋级联系在一起。但是，大多数管理者对秘书和勤杂人员的工作绩效进行评价时，往往是不加区分地将其下属的秘书和勤杂人员都简单地评为“优秀”。而这样做的结果是学校所有的辅助雇员每年都得到最高等级的工资晋级。

但是目前学校的预算已经不具备在下一个年度为每一位事务工作人员都提升一级工资的能力了。而且，学校的校长也认为，所有秘书人员和勤杂人员每年的工作绩效都被评为

"优秀"的这种做法，并不是一种正常的情况。因此，他希望罗伯能够对原有的工作绩效评价系统进行重新审查。罗伯向每一位行政管理人员下发一份备忘录，要求大家只能将其手下一半的人评为优秀。这份备忘录立刻得到行政管理人员和秘书、勤杂人员的广泛抵制——管理人员害怕其手下会到私营企业找更赚钱的工作；秘书人员认为新的工作绩效评价系统是不公正的，它剥夺了每一位秘书都能获得最高工资晋升的机会。

罗伯在这种情况下，找到了该校工商管理学院的几位绩效评价方面的专家讨论这个问题。罗伯首先说到了他发现的问题：现有的工作绩效评价系统早在10年前即该校刚成立时便建立起来了。而当时的工作绩效评价表格是由秘书委员会设计的。这种每年一次的工作绩效评价制度几乎一开始就陷入困境。因为，管理者对工作绩效标准的解释就大相径庭，同时他们在填写表格及对下属进行监督时的负责程度也相差很大。问题还不仅仅如此，这种绩效评价方法的弊端在第一年年底就已经变得显而易见，每一位秘书的工资提升实际上是直接与工作绩效评价联系在一起的。由于该校支付给秘书的工资比私营企业的低，所以，在第一年有些没有拿到优秀即没有得到最高工资晋升的秘书一怒而去。从那时起，很多行政管理人员为了降低离职率，就开始将下属的工资绩效定为优秀。这样可以确保他们得到最高一级的工资晋升。

思考题：

1. 该学校行政事务人员绩效考评存在的主要问题有哪些？
2. 罗伯应该如何改进学校行政事务人员绩效考评制度？

参考答案

一、单项选择题

1. B	2. C	3. C	4. C	5. D	6. D
7. C	8. B	9. A	10. A	11. B	12. C

二、多项选择题

1. ABCDE	2. ABCDE	3. BCD	4. BD	5. BDE	6. ACD
7. ABC	8. ACDE	9. ABD	10. AE	11. ABDE	12. ABCE

三、简答题

1. 绩效管理是依据一定的标准，对单位或个人的工作业绩进行管理的过程。

绩效管理的目的在于正确评价团队或个人的工作任务完成情况，促使组织成员产生与组织战略目标相一致的行为，促进员工的成长与能力开发，并为员工的奖惩、升降职提供依据。

2.（1）工作描述是影响绩效的最直接因素。员工的绩效是员工外显的行为表现，这种行为表现受很多因素影响。在众多影响因素中，有的因素是比较深层次的，有的因素是比较直接的。既有人的内在动力因素，也有价值观和意识层面的因素，它们最终都会落实到具体工作目标中，而工作目标又决定了工作描述，所以，岗位工作描述是直接影响行为绩效的因素。

（2）岗位特点决定了绩效评估的方式。采取什么样的方式进行绩效评估是我们进行绩效管理时所需要解决的一个重要问题。绩效评估的方式主要包括由谁进行评估、评估的周期安排、绩效评估的信息如何搜集、采取什么样的形式进行评估等。对不同类型的岗位采取的绩效评估方式也应该有所不同。

（3）工作描述是设定绩效指标的基础。对一个岗位的任职者进行绩效管理应该设定哪些关键绩效指标往往是由其关键职责决定的。职责是一个岗位比较稳定的核心特征，表现的是任职者所要从事的核心活动。

3.（1）关键性原则。确定需要衡量的关键业绩指标应该按在岗位中职责的重要性来排序，分配权重，最重要及占岗位工作时间百分比最多的职责应分配较大的权重。

（2）可控性原则。用于衡量岗位职责完成与否的关键业绩指标应该是岗位所能直接影响（最好是唯一影响）的因素。

（3）注重行为原则。由于在某些情况下，工作的结果并不完全由员工控制，所以，如果可能的话，将职责分解为工作任务流程或行为，从而衡量员工在实际工作中的行为。

四、案例分析

1. 存在问题的有：

（1）没有明确的绩效考核标准，全凭上级主管人员的主观感受，甚至受到一些与工作无关的因素影响。

（2）绩效考核与薪酬相挂钩。每一位行政事务人员工资的提升直接与工作绩效评价联系在一起。薪酬制度上存在的问题想通过绩效考评来弥补，薪酬制度绑架了绩效考评制度。

（3）绩效考核系统不健全。绩效反馈、绩效面谈、绩效改进计划等没有得到体现。

2. 主要改进措施如下：

（1）通过工作分析，明确绩效考核标准，明确相关岗位的关键职责，确定绩效考评的关键指标与考核标准。

（2）分析岗位特点，选择正确的绩效评估方式。主要包括由谁进行评估、评估的周期安排、绩效评估的信息如何搜集、采取什么样的形式进行评估等。根据行政事务岗位的特点，采取科学、合理的绩效评估方式。

（3）绩效考核不要直接与薪酬提升挂钩，更不能出现薪酬制度绑架绩效考评制度的现象。在完善薪酬制度的同时，要进一步明确绩效考核的目的：正确评价团队或个人的工作任务完成情况，促使组织成员产生与组织战略目标相一致的行为，促进员工的成长与能力开发，并为员工的奖惩、升降职提供依据。

（4）完善绩效考核系统。做好绩效反馈、绩效面谈、绩效改进计划等方面的工作，改善相关员工的工作绩效。

第10章 工作分析与薪酬管理

考核内容

通过本章学习，理解工作分析与薪酬体系设计之间的关系，掌握薪酬制度与政策设计的基本过程。本章主要考核内容有：理解工作分析与薪酬体系设计的关系，掌握评分法在薪酬管理中的应用，了解薪酬调查的一般程序。

一、工作分析与薪酬体系设计

（一）薪酬的含义

薪酬泛指员工获得的一切形式的报酬。它包括薪资、福利、保险等各种直接、间接的劳动报酬。薪酬的表现形式可以分为有形的（物质）和无形的（非物质），不同形式的薪酬在激励员工方面有所不同。

（二）影响薪酬的内在因素

（1）权利和责任。权利和责任是一个整体的两个方面，不过权利是由责任产生的，权力的大小往往与责任是相对应的。

（2）技能和培训。技术高和训练有素的人应该获得较高的薪酬，较高的薪酬一部分是用于补偿学习技术所消耗的时间、体能和智慧；另一部分是用于激励员工从事更加复杂和更有挑战性的工作，并使员工更愿意学习和从事复杂性技术工作，从而有利于提高企业效益。

（3）工作时间。在企业中，有些员工的工作是长期性的，另一些员工的工作是季节性或临时性的。在相同的资格条件下，那些季节性、临时性受雇的员工，通常都比正常受雇的员工的薪酬高。

（4）工作环境。工作环境是指劳动者所在的劳动场所的外部环境条件，主要是指对劳动者身心健康产生影响的各种有害因素。

（5）福利及优惠。有些企业对员工有各种福利，或赋予若干优惠，如供给员工廉价或免费的食宿，或允许员工以优惠价格购买其产品或服务。

（三）影响薪酬的外在因素

（1）生活费用水平。确定薪酬的基本原则是确保员工获得维持其与家庭生活费用的薪酬。所谓生活费用也就是指一个人日常生活中衣食住行的费用，由一个时期内的物价水平决定。

（2）企业的薪酬负担能力。企业的薪酬负担能力与企业的盈利能力相关。另外也与企业的分配政策、人工成本比重有关。最主要的还是看薪酬增加是否有利于企业生产力的提高。

（3）当地通行的薪酬标准。企业确定薪酬时也要考虑所在地区与所属行业的整体薪酬水平的影响，将当地或所属行业通行的薪酬标准作为确定员工薪酬的依据，否则将会招致员工或同行业的不满。

（4）劳动力市场供求状况。劳动力价格也和一般商品的价格一样受供求状况的影响。

（5）企业所处的阶段特点。在薪酬战略的设计时，还要考虑宏观环境、行业环境、企业内部环境及企业所处的发展阶段。

（6）企业文化和战略。组织对薪酬的设计还与组织文化有关。

（四）工作分析与薪酬体系设计

薪酬体系设计的要点是：对内具有公平性，对外具有竞争力。满足这两个要求的薪酬体系是建立在工作分析、工作评价基础上的。一般来说，要设计出科学合理的薪酬体系和薪酬制度，需要经过以下几个步骤：

（1）工作分析。工作分析是确定薪酬的基础。

（2）工作评价。工作评价重在解决薪酬的对内公平性问题。

（3）薪酬调查。薪酬调查主要解决的是薪酬的对外竞争力问题。

（4）薪酬定位。薪酬定位确定企业的薪酬水平在劳动力市场中相对位置，它直接决定了薪酬水平在劳动力市场上竞争能力的强弱程度。

（5）薪酬结构设计。薪酬结构是对同一组织内部的不同职位或者是技能所得到的薪酬进行的各种安排。

二、工作评价与薪酬内部公平性

（一）利用工作评价实现薪酬的内部公平

虽然不同的组织在进行工作评价时所采用的标准不同，但是不管使用什么标准，最后总是会得到一个工作结构。需要指出的是，这里所讲的工作结构实际上指的是由一个工作系列的不同级别所构成的体系。在一个组织中通常存在着多个工作系列，因此实际上也就存在着多个工作结构。在确定工作结构时，不同的工作系列可能需要使用不同的方法和不同的评价标准进行评价。当把某一企业薪酬标准的各种水平与工作结构的各种水平结合在一起的时候，就得到了该企业的薪酬结构。换言之，薪酬结构指的是一个组织中各种工作之间的报酬水平的比例关系。这种比例关系包含两方面的含义：一是不同层次的工作之间报酬差异的相对比值；二是不同层次的工作之间报酬差异的绝对水平。一个企业的薪酬体系要实现内部公平的目标应该至少具备以下三个特征：第一，完成这一工作所需时间和技能越多，得到的报酬也越多；第二，从事这种工作时所处的环境越不好，这种工作得到的报酬就应该越高；第三，一种工作对实现组织整体目标的贡献越大，这种工作得到的报酬也应该越多。

（二）因素比较法在薪酬管理中的应用

1. 获取岗位信息，确定报酬因素

因素比较法要求评价者必须仔细、全面地做好工作分析，最好是能够有标准、规范的工作说明书，同时还需要确定用来对岗位进行比较的依据或尺度，即报酬因素是什么。

2. 选择典型岗位

工作评价小组需要挑选出 15～20 个在企业中非常具有代表性的基准岗位作为工作评价对象，而其他岗位的价值则可以通过与这些典型岗位之间的报酬因素比较来得出。这些岗位不仅要能够代表所要研究的岗位序列中的绝大多数岗位，而且必须是广为人知的。

3. 对岗位进行排序

根据典型岗位内部相同报酬因素的重要性对岗位进行排序，这里要求工作评价者根据报酬因素分别对典型岗位进行排序。排序过程是以工作描述和工作规范为基础的，通常由评价小组的每位成员分别对岗位进行排序，然后再开会讨论或者计算平均排序值的方法来决定每个岗位的序列值，制定出标准工作分级表。

4. 确定各报酬因素的价值

根据每一典型岗位的薪酬水平分配到其内部的每一个报酬因素上去。首先，评价小组的成员需要根据自己的判断来决定，在每一个典型岗位中，不同的报酬因素对于此岗位的贡献大小（用百分比的形式来体现），然后根据事先确定的典型岗位的薪酬水平来确定典型岗位内部每一报酬因素的价值。

5. 根据报酬因素价值分别对岗位进行排序

在所有典型岗位的每一报酬因素的价值分别确定下来以后，将所有岗位排列在一起，然后根据每一种报酬因素分别对岗位进行多次排序。

6. 根据两种排序结果选出不适于利用的典型岗位

每个要素都对应着每个关键职位的两种排序结果。每种要素对应的两种排序结果应该是一样的。

7. 建立典型岗位报酬因素等级基准表

将所有典型岗位的报酬水平及每一典型岗位内部的每一种报酬因素的薪酬水平确定下来以后，便可以建立起一个典型岗位报酬因素等级基准表。

8. 使用典型岗位报酬因素等级基准表来确定其他岗位的工资

完成上述工作之后，评价小组成员就可以将待评价岗位的各报酬因素与典型岗位的报酬因素之间进行比较，确定待评价岗位的每一报酬因素与典型岗位报酬因素之间的相对价值，将经过比较的同一报酬因素的价值作为确定待评价岗位在该报酬因素上货币价值的依据。

（三）评分法在薪酬管理中的应用

1. 确定岗位的评价要素

选择岗位的影响因素是实施评分法的第一步，因为这些因素是该方法的基础。因此，这些因素必须具有大多数工作人员和管理人员公认的共同特征，并能对工作之间的重要程度进行区分。因素数量的多少应根据需要决定，但如果因素过多，评价过程则太费时间，也更加困难。因此，大多数方案使用的因素在4～12个。

2. 为诸评价因素下定义并划分等级

确定岗位评价的主要因素及因素的定义之后，为了提高评定的准确度，还应对各评定因素区分出不同级别，并赋予一定的分值。

3. 确定各影响因素的点数

为每个影响因素分配权重。确定等级权重相当重要，它是整个评价工作的基础。如果权重确定不当，将影响岗位相对价值的评价。因素权重没有科学或现成的方法，它主要依靠主观判断。

4. 预先制定工资等级

工资等级系列可以自然确定，也可以预先制定。例如，将某组织的全部岗位归入几个工资等级之中，就可以得到一个由最低分值和级间点差所构成的工资序列。

5. 实施

实施评价时应该注意以下事项：①进行评定前，对工作进行的描述以工作说明书为依据；②列出每一岗位的因素评分表，以使组织成员了解本岗位总评分的由来；③评分结束后，确定各岗位的等级。

三、薪酬调查与薪酬外部竞争力

（一）薪酬调查与外部竞争力

薪酬调查，就是通过一系列标准、规范和专业的方法，对市场上各职位进行分类、汇总和统计分析，形成能够客观反映市场薪酬现状的调查报告，为企业提供薪酬设计方面的决策依据及参考。薪酬调查重在解决薪酬的对外竞争力问题，即企业在确定薪酬水平时，需要参考劳动力市场的薪酬水平。为此，企业必须调查当地其他企业中相同或相似工作的薪酬水平，与本单位的薪酬进行比较，进而依据本单位的具体条件，调整薪酬水平，以保持企业的竞争优势。薪酬调查可以委托外部专业的咨询公司进行，也可由企业自己完成。

（二）薪酬调查的一般程序

1. 成立薪酬调查小组

企业开展薪酬调查时，应先成立以企业高层主管领导为组长的薪酬调查小组，小组成员应由人力资源管理人员及一些有经验的管理人员组成，必要时可聘请外部专家提供咨询。

2. 选择调查对象

选择调查对象即确定应选择哪些企业进行薪酬调查、收集薪酬资料。

3. 被调查企业的合作

在薪酬调查过程中，需要取得被调查企业的支持与配合，否则就无法顺利完成正常的调查工作。

4. 选择代表性工作以便比较

所谓代表性工作是其职责在本质上可明确区分，而且界限很明显，相对稳定，变化少。在不同的企业中，对各个岗位的称呼有很大不同，相同的岗位名称在不同的企业其职责可能有很大的差别。

5. 决定资料内容

在进行薪酬调查时，不能仅考虑基本薪酬，还应考虑不同企业员工所享受的红利、奖金、养老金、加班津贴、各种保险、特别休假等。应将这些与薪酬有关的项目一并列入比较项目中。

6. 准备工作

由于各公司现有资料的不同，汇集资料的方法也必须针对调查对象而有所调整。有些企业可能已经建立一系列完整的工作说明书，使工作内容的比较简易迅速；而有些企业可能还没有有关的工作说明书，就必须先进行工作分析再予以比较。

7. 收集资料

收集薪酬资料的方法有两种：一是选派代表到各被调查企业去访谈，在访谈中收集资料；二是将调查表邮寄到有关企业索取资料。

8. 资料的整理与统计

调查完毕立即将资料汇总列表，撰写调查报告并分别送到各参加调查的企业。统计表中各企业仅用编号而不列名称以免其薪酬资料泄密。调查报告包括情况说明、各调查岗位薪酬资料统计、全部已调查岗位薪酬总表三个部分。

9. 薪酬资料的更新

薪酬资料变化是非常快的，企业应根据社会经济发展情况及薪酬的变动情况，合理确定薪酬调查的频率，及时更新有关的薪酬资料。

重点和难点

本章的重点是理解工作分析与薪酬体系设计之间的关系。难点是掌握评分法在薪酬管理中的应用。

同步综合练习题

一、单项选择题

1. 有关薪酬的概念理解错误的是（　　）。
   A. 薪酬包括员工所获得的一切有形和无形的劳动报酬
   B. 公平合理的薪酬制度是和谐劳动关系的基础
   C. 薪酬水平越高越好，这样能使企业在劳动力市场拥有优越的竞争地位
   D. 薪酬不仅包括工资、奖金等现金性收入，也包括各种形式的福利、奖励
2. 关于影响薪酬的因素，下列说法错误的是（　　）。
   A. 影响薪酬的因素包括外在因素和内在因素
   B. 影响薪酬的因素包括权利和责任、工作时间、工作危险性等
   C. 如果生产率的提高小于人工成本支出的增加，企业就能负担较高的薪酬
   D. 某种劳动力供过于求时，企业就会降低这类劳动力的价格
3. 在薪酬调查对象的选择过程中，一般情况下接受调查的企业至少是（　　）。
   A. 20 家　　B. 30 家
   C. 40 家　　D. 50 家
4. 重在解决薪酬内部公平性问题的是（　　）。
   A. 工作分析　　B. 工作评价
   C. 薪酬调查　　D. 薪酬政策
5. 重在解决薪酬外部竞争性问题的是（　　）。
   A. 工作分析　　B. 工作评价
   C. 薪酬调查　　D. 薪酬结构设计

二、多项选择题

1. 薪酬的含义通常包含（　　）。
   A. 一般薪酬　　B. 特殊薪酬
   C. 绝对薪酬　　D. 相对薪酬
   E. 普通薪酬
2. 影响薪酬的内在因素主要有（　　）。
   A. 权利和责任　　B. 技术和训练
   C. 工作时间　　D. 工作危险性
   E. 福利及优惠
3. 影响薪酬的外在因素主要有（　　）。
   A. 生活费用水平　　B. 企业的薪酬负担能力
   C. 当地通行的薪酬标准　　D. 劳动力市场供求状况
   E. 产品需求弹性
4. 在相同的资格条件下，那些季节性、临时性受雇的员工通常都比正常受雇员工的薪酬高，主要是因为（　　）。

A. 这些员工过了季节或某个时期就失业了，失业期间将无收入
B. 这些员工在受雇期间可能没有社会保障
C. 这些员工的工作风险比较大
D. 这些员工可能没有福利享受
E. 这些员工的技术要求高

5. 薪酬体系的设计要点是（　　）。
A. 对内具有公平性
B. 对外具有竞争力
C. 公平合理的工作分析
D. 较高的薪酬水平
E. 一视同仁的福利待遇

6. 在因素比较法中可以选择使用的报酬因素包括（　　）。
A. 心理要求　　B. 工作环境
C. 技术要求　　D. 所承担责任
E. 工作条件

7. 薪酬结构问题主要包括（　　）。
A. 薪酬类型　　B. 薪酬水平
C. 薪酬范围　　D. 薪率
E. 薪酬幅度

8. 要设计出科学合理的薪酬体系和薪酬制度，需要经过以下几个步骤（　　）。
A. 工作分析　　B. 工作评价
C. 薪酬调查　　D. 薪酬定位
E. 薪酬结构设计

9. 影响公司薪酬水平的因素有（　　）。
A. 国家宏观经济状况
B. 通胀或通缩水平
C. 行业特点和行业竞争
D. 人才供应状况
E. 企业盈利能力和支付能力

10. 在确定人员工资时，往往需要综合考虑的因素有（　　）。
A. 岗位等级　　B. 个人的技能和资历
C. 个人绩效　　D. 受教育程度
E. 工作经历

11. 进行工作评价的方法主要有（　　）。
A. 排列法　　B. 分类法
C. 因素比较法　　D. 评分法
E. 对比法

三、简答题

1. 简述薪酬制度设计的一般步骤。
2. 简述评分法的一般程序。

四、案例分析

华立（化名）电子商务有限公司是由某大型国有企业与某外资企业合资成立，公司位于北京市。凭借着有利的市场环境和政策支持，该公司的发展突飞猛进，年销售额一度达到30亿元。自成立以来，该公司一直坚持“诚信笃实、以人为本”的发展理念，且公司领导对企业管理给予了高度重视，并搭建了较为健全的各项组织机构和营运程序。凭借优秀的技术团队和较高的企业管理水平，该企业自成立以来获得了较为迅速的发展。经过多年的研究与实践，探索出一套简捷、有效、科学、稳定的盈利模式和交易规则，年回报率可达到150%，实现了公司持续、稳定、快速的发展。近年来，随着企业的快速发展，其管理上的问题逐渐显露出来，特别是薪酬体系方面的问题尤为突出。

目前，该公司的员工主要由三部分组成：原国企员工、原外企员工及面向社会招聘的员工，这种人事组成结构的复杂性导致了薪酬体系的内部复杂性，原国企员工照搬国企工资水平，原外企员工按外企标准拿很高的外资企业补贴，合资公司招聘的员工按照合资工资的标准发放薪酬。三种截然不同的薪酬体系导致了薪酬管理的内部不公平性，员工对薪酬水平也存在较大的不满，严重影响了工作积极性，甚至导致核心人才的不断流失。鉴于此，该公司领导决定实施薪酬改革，统一公司内部薪酬标准。但是新的薪酬标准带有浓烈的国企色彩，固定基本工资与岗位工资占了很大的比重，而浮动绩效工资只占很少的一部分，无法体现员工间岗位、素质、贡献的差异。这与追求效率和激发员工积极性的外企薪酬标准形成鲜明对比。薪酬改革不但没有消除员工的不满，反而将矛盾进一步升级。

基于这样的背景，该公司决定引入专业的人力资源管理咨询公司，帮助该公司搭建一套科学合理的薪酬体系，保障薪酬体系内部公平的同时，进一步提升员工的工作积极性。通过对多家咨询公司的深入了解和分析，最终，该公司领导决定与人力资源专家合作，希望能借助专业的力量帮助企业提升管理水平。

思考题：

1. 该公司薪酬制度存在什么问题？
2. 你认为应该如何解决该公司存在的薪酬问题？

参考答案

一、单项选择题

1. C　2. C　3. A　4. B　5. C

二、多项选择题

1. CD　2. ABCDE　3. ABCDE　4. ABD　5. AB
6. ACDE　7. CDE　8. ABCDE　9. ABCDE　10. ABC
11. ABCD

三、简答题

1. 薪酬制度设计需要经过以下几个步骤：

(1) 工作分析。工作分析是确定薪酬的基础。

(2) 工作评价。工作评价重在解决薪酬的对内公平性问题。

(3) 薪酬调查。薪酬调查主要解决的是薪酬的对外竞争力问题。

(4) 薪酬定位。薪酬定位确定企业的薪酬水平在劳动力市场中的相对位置，它直接决定了薪酬水平在劳动力市场上竞争能力的强弱程度。

(5) 薪酬结构设计。薪酬结构是对同一组织内部的不同职位或者是技能所得到的薪酬进行的各种安排。

2. 评分法的一般程序：

(1) 确定岗位的评价要素。选择岗位的影响因素是实施评分法的第一步，因为这些因素是该方法的基础。因此，这些因素必须具有大多数工作人员和管理人员公认的共同特征，并能对工作之间的重要程度进行区分。

(2) 为诸评价因素下定义并划分等级。确定岗位评价的主要因素及因素的定义之后，为了提高评定的准确度，还应对各评定因素区分出不同级别，并赋予一定的分值。

(3) 确定各影响因素的点数。为每个影响因素分配权重。确定等级权重相当重要，它是整个评价工作的基础。

(4) 预先制定工资等级。工资等级系列可以自然确定，也可以预先制定。例如，将某组织的全部岗位归入几个工资等级之中，就可以得到一个由最低分值和级间点差所构成的工资序列。

(5) 实施。进行评定前，对工作进行的描述以工作说明书为依据；列出每一岗位的因素评分表，以使组织成员了解本岗位总评分的由来；评分结束后，确定各岗位的等级。

四、案例分析

1. 该公司薪酬制度主要有两方面的问题：①国企薪酬文化与外企薪酬文化的冲突。由于该公司由国企和外企共同投资设立，公司员工也主要来自这两家企业，公司内部的文化冲突是不可避免的，最突出的表现就是在薪酬文化方面的冲突。两种薪酬文化的差异体现在绩效工资的考核上。国企薪酬文化注重固定工资，绩效工资部分中处罚多，奖励少。而外企薪酬文化则注重员工绩效工资，以激励员工为主，考核指标中更多的是给员工增加绩效奖金的条款。改革后的薪酬制度保留了国企薪酬文化的特点，必然引发大量原外企员工的不满。②岗位价值体现不公平。公司内部矛盾的另一焦点是岗位价值体现不公平。国企注重公平，外企注重效率。在该公司内部，各岗位的基本工资和岗位工资未作明显区分，看似“一碗水端平”，实则忽略了公司各岗位之间工作内容、岗位职责、工作难度、责任风险等的差异。这些差异体现在员工的能力素质、努力程度、工作量大小上，忽略了这些差异，很难保证薪酬分配的公平性，严重影响了员工的积极性，也难以起到有效的激励作用。

2.①法人治理层次文化的统一。该公司内部的文化冲突，是造成这一系列问题的根源所在，因此，企业应从法人治理观念上着手，充分认识高层管理团队进行文化融合的必要性和重要性，对公司的业务前景和发展方向达成清晰一致的判断，从而对公司未来的岗位设置和关键节点有了预期。在公司战略目标清晰并与高层管理文化一致的基础上，将激励与授权充分结合，梳理法人治理结构，为推动公司内部管理体系的提升奠定基础。②基于工作评价，优化薪酬体系，实现岗位、薪酬、绩效三位一体。要消除公司原有混乱的薪酬体系造成的矛盾，需要建立岗位、薪酬、绩效三方面协同一致的人力资源管理框架。外企的管理是市场化的，薪酬管理也是如此，该公司要改善现有的薪酬体系，首先要对公司现有岗位进行工作分析和工作评估，区分岗位价值。其次是制定符合企业发展战略和人力资源战略的薪酬分配原则，形成科学的、“对内公平，对外有竞争力”的薪酬体系，以吸引和保留人才。③完善绩效考核体系，将绩效与薪酬体系进行挂钩。基于不同层次、不同类型岗位的核心工作职责，完善绩效考核体系，将绩效考核指标集中在核心工作职责上，与企业发展战略相匹配，同时，对绩效考核标准进行了进一步的量化和明确，并按照“建立绩效指标、制定绩效指标、监控与考核绩效、应用绩效结果”的思路建立绩效考核制度，形成科学的岗位浮动薪酬体系，以实现薪酬体系的激励作用。

全真模拟演练（一）

（考试时间 150 分钟）

总分		题号	一	二	三	四	五	六
核分人		题分	20	20	9	25	16	10
复查人		得分						

一、单项选择题（本大题共 20 小题，每小题 1 分，共 20 分。在每小题列出的四个备选项中只有一个是符合题目要求的，请将其代码填写在题后的括号内。错选、多选或未选均无分）

1. 企业中的成员为了完成某一特定任务所需要做的一系列相关的工作是（　　）。

A. 工作职责　　B. 工作流程

C. 工作关系　　D. 工作环境

2. 科学的工作分析最早是从（　　）开始的时间研究和动作研究。

A. 泰勒　　B. 闵斯特伯格

C. 摩利斯·威斯利　　D. 巴鲁斯

3. 工作分析人员直接到工作现场，针对特定对象的作业活动进行观察、搜集和记录有关工作信息，并进行分析、归纳和总结的方法是（　　）。

A. 问卷法　　B. 访谈法

C. 工作日志法　　D. 观察法

4. 对于工作周期很长和突发事件较多的工作比较适合的观察方法是（　　）。

A. 直接观察法　　B. 间接观察法

C. 阶段观察法　　D. 工作表演法

5. 有可能提供关于工作的最真实、最可靠的信息的主体是（　　）。

A. 工作分析专家　　B. 工作任职者

C. 主管人员　　D. 组织高层领导

6. 工作分析前的准备阶段不包括的任务是（　　）。

A. 开展工作分析的必要性和可行性分析

B. 明确工作分析的目的

C. 组建工作分析小组

D. 对工作信息进行搜集

7. (　　) 是提取职位层次的绩效考核指标的重要基础和依据。

A. 工作概要　　B. 绩效标准

C. 工作识别　　D. 工作职责

8. (　　) 是组织管理中的一项重要制度，是组织进行信息化和规范化管理的重要基础性文件。

A. 工作名称　　B. 工作身份

C. 工作编号　　D. 工作地点

9. 通过增加工作深度来使员工对工作拥有更多的自主权、独立性和责任感的是(　　)。

A. 工作轮换　　B. 工作专业化

C. 工作扩大化　　D. 工作丰富化

10. 针对知识型员工的工作设计应遵循 (　　) 的理念。

A. 以能为本　　B. 以知为本

C. 以价为本　　D. 以物为本

11. 通过一定的方法来确定企业内部工作与工作之间的相对价值称 (　　)。

A. 工作分析　　B. 工作描述

C. 工作评价　　D. 工作考核

12. 根据岗位职责要求给予任职者相应的权限称 (　　)。

A. 以事定岗　　B. 以岗定人

C. 以岗定责　　D. 以责定权

13. 根据组织内部管理人员或外部专家对外部环境变化、组织应对变化的经验估计，预测组织在中、短期的人力资源需求是 (　　)。

A. 现状预测法　　B. 经验预测法

C. 自上而下法　　D. 统计学方法

14. 关于工作说明书的编写，错误的是 (　　)。

A. 使用语言应该具有较强的专业性

B. 对基层员工工作的描述应该更加详细、具体

C. 工作职责的描述应符合逻辑顺序

D. 可用完成某项职责所占的比重来说明该职责的重要性

15. 使用一定的科学方法，通过对员工在知识、技术、能力、态度等方面的训练，提高员工的能力，从而提高员工当前或未来的工作绩效称 (　　)。

A. 员工培训　　B. 员工评价

C. 员工指责　　D. 员工考核

16. 设计员工培训方案的基础是 (　　)。

A. 工作任务　　B. 工作分析

C. 工作内容　　D. 工作设计

17. 绩效评估标准是表明了按什么标准对工作的什么方面进行评估，下列说法不正确的是 (　　)。

A. 绩效标准是可以衡量的　　B. 绩效标准是要广泛使用于不同时期的

C. 绩效标准是公开的　　D. 绩效标准是现实的

18. 绩效考核指对员工的（　　）做比较，而通过工作分析可以确定绩效考核的标准。

A. 实际绩效与组织的期望　　B. 个人成绩与群众测评

C. 群众测评与组织的期望　　D. 实际绩效群众测评、组织期望

19. 有关薪酬的概念理解错误的是（　　）。

A. 薪酬包括员工所获得的一切有形和无形的劳动报酬

B. 公平合理的薪酬制度是和谐劳动关系的基础

C. 薪酬水平越高越好，这样能使企业在劳动力市场拥有优越的竞争地位

D. 薪酬不仅包括工资、奖金等现金性收入，也包括各种形式的福利、奖励

20. 关于影响薪酬的因素，下列说法错误的是（　　）。

A. 影响薪酬的因素包括外在因素和内在因素

B. 影响薪酬的因素包括权利和责任、工作时间、工作危险性等

C. 如果生产率的提高小于人工成本支出的增加，企业就能负担较高的薪酬

D. 某种劳动力供过于求时，企业就会降低这类劳动力的价格

二、多项选择题（本大题共 10 小题，每小题 2 分，共 20 分。在每小题列出的五个备选项中至少有两个是符合题目要求的，请将其代码填写在题后的括号内。错选、多选或未选均无分）

21. 工作设计的要求是（　　）。

A. 确保组织任务的顺利完成

B. 明确工作任务

C. 有助于发挥人的能力，提高工作效率

D. 明确岗位职责

E. 应考虑现实的可能性

22. 访谈法的具体形式有（　　）。

A. 与员工个别面谈　　B. 与员工集体面谈

C. 与客户面谈　　D. 与供应商面谈

E. 与主管领导面谈

23. 工作分析所需信息的主要类型通常包括（　　）。

A. 工作活动　　B. 工作目的

C. 工作条件　　D. 对任职者的要求

E. 机器设备

24. 确定绩效标准需遵守（　　）原则。

A. 绩效考核要切中特定的工作指标，不能笼统

B. 绩效指标是数量化或行为化的，验证这些绩效指标的数据或者信息是可以获得的

C. 绩效指标在付出努力的情况下可以实现，避免设立过高或过低的目标

D. 绩效指标是实实在在的，可以证明和观察

E. 注重完成绩效指标的特定期限

25. (　　) 是最常见的工作设计方法。
A. 工作专业化　　B. 工作制度化
C. 工作机械化　　D. 工作丰富化
E. 工作扩大化
26. 因素比较法的主要优点是 (　　)。
A. 评定结果比较公正　　B. 操作简单
C. 耗费时间少　　D. 各种影响因素所占比例主观判断少
E. 减少了工作量
27. 为了满足组织未来发展对人员配置的需求，需要进行 (　　)。
A. 工作评价　　B. 人力资源供给预测
C. 人力资源需求预测　　D. 发展潜力评价
E. 优势与劣势评价
28. 了解受训者情况是通过工作分析了解员工在他们的工作任务中 (　　)。
A. 哪些人需要培训
B. 哪些知识、技能已经老化
C. 哪些态度不利于工作业绩的表现
D. 培训经费是多少
E. 哪些方面的改变能促进生产率的提高
29. 绩效管理制度的内容包括 (　　)。
A. 对各类人员的绩效考评方法、考评指标和标准体系做出说明和解释
B. 明确规定绩效管理的目标、程序和步骤
C. 明确规定在实施过程中应当遵守的基本原则和具体要求
D. 在企业单位中加强对绩效管理的重要性和必要性的认识
E. 对绩效管理制度的解释、实施和修改等问题做出必要的说明
30. 影响薪酬的内在因素主要有 (　　)。
A. 权利和责任　　B. 技术和训练
C. 工作时间　　D. 工作危险性
E. 福利及优惠

三、名词解释 (本大题共 3 小题，每小题 3 分，共 9 分)

31. 工作设计

32. 绩效管理

33. 薪酬定位

四、简答题（本大题共 5 小题，每小题 5 分，共 25 分）

34. 工作分析在企业人力资源管理中的基础地位主要表现在哪些方面？

35. 简述确定培训需求的步骤。

36. 简述工作设计的内容。

37. 简述能岗匹配原理的内容。

38. 简述工作分析与绩效管理的关系。

五、论述题（本大题共 2 小题，每小题 8 分，共 16 分）

39. 试述工作分析与员工招聘的关系。

40．试述选择工作评价的要素应遵循的原则。

六、案例分析（本题10分）

41．王平是个刚刚从国外学成归国的MBA毕业生，年初他到了一家公司的人事部门工作。部门主管对他说："小王，你在国外一定学习过工作分析的知识吧？下周一请你到公司市场部进行为期一周的岗位调查，先初步了解一下该部门岗位人员的情况。然后，提出一些岗位的工作说明书，为下一步公司的薪酬改革提供依据。"听了主管的话之后，小王欣然接受了任务。

问题：

（1）什么是工作说明书？

（2）编写工作说明书应该遵循哪些准则？

全真模拟演练（一）参考答案及解析

一、单项选择题（本大题共 20 小题，每小题 1 分，共 20 分）

1. B　2. A　3. D　4. D　5. B
6. D　7. B　8. C　9. D　10. A
11. C　12. D　13. B　14. A　15. A
16. B　17. B　18. A　19. C　20. C

二、多项选择题（本大题共 10 小题，每小题 2 分，共 20 分）

21. ACDE　22. ABE　23. ACDE　24. ABCDE　25. ADE
26. ACE　27. BC　28. BCE　29. ABCDE　30. ABCDE

三、名词解释（本大题共 3 小题，每小题 3 分，共 9 分）

31. 工作设计是指为了有效地达到组织目标与满足个人需求而进行的工作内容、工作职能和工作关系的设计。工作设计分为两类：一是对企业中新设置的工作岗位进行设计；二是对已经存在的缺乏激励效应的工作进行重新设计，也称工作再设计。(3 分)

32. 绩效管理是依据一定的标准，对单位或个人的工作业绩进行管理的过程。绩效管理是一种检查工作与任务完成情况的手段。(3 分)

33. 薪酬定位确定企业的薪酬水平在劳动力市场中相对位置，它直接决定了薪酬水平在劳动力市场上竞争能力的强弱程度。(3 分)

四、简答题（本大题共 5 小题，每小题 5 分，共 25 分）

34. (1) 使人力资源规划更加准确。(1 分)

(2) 使工作职责更加明确。(1 分)

(3) 使工作设计更加合理。(1 分)

(4) 使人事管理科学化。(2 分)

35. (1) 根据组织战略目标需要确定需进行分析的工作。(1 分)

(2) 根据该工作岗位的工作说明书列出基本任务及完成这些任务所需技能、知识的清单。(1 分)

(3) 列出员工完成每一项工作任务的具体步骤。(1 分)

(4) 根据内外部环境的变化重新确认工作任务和所需技能。(1 分)

(5) 为各工作岗位制定针对培训需求分析的调查表，通过让员工填写这些表格，可以收集到关于培训的有关资料。(1 分)

36. 工作设计涉及工作系统的各个方面。具体来说，工作设计的主要内容包括：

(1) 工作任务。(0.5 分)

(2) 工作职能。(0.5 分)

(3) 工作关系。(0.5 分)

(4) 工作结果。(0.5 分)

(5) 对工作结果的反馈。(1 分)

(6) 人员特性。(1 分)

(7) 工作环境。(1 分)

37. (1) 人有能级的区别。(1 分)

(2) 不同专长的人无法比较其能级。(1 分)

(3) 同一系列不同层次的岗位对能力的结构和能力的大小有不同的要求。(1 分)

(4) 不同系列相同层次的岗位对能力有不同的要求。(1 分)

(5) 能级与岗位的要求应符合。(1 分)

38. (1) 工作描述是影响绩效的最直接因素。员工的绩效是员工外显的行为表现，这种行为表现受很多因素影响。(2 分)

(2) 岗位特点决定了绩效评估的方式。采取什么样的方式进行绩效评估是我们进行绩效管理时所需要解决的一个重要问题。(2 分)

(3) 工作描述是设定绩效指标的基础。对一个岗位的任职者进行绩效管理应该设定哪些关键绩效指标往往是由其关键职责决定的。(1 分)

五、论述题（本大题共 2 小题，每小题 8 分，共 16 分）

39. 在组织的招聘工作中，工作分析在招聘信息的来源、人员招募、候选人资格的筛选和聘用等方面都具有重要的作用。(2 分)

(1) 有关招聘工作岗位的相关信息可以根据工作分析的结果——工作说明书和工作规范来确定。(2 分)

(2) 工作分析在候选人资料筛选中的应用主要包括确定学历、专业、工作经验和资格证书等主要考察指标。(2 分)

(3) 工作分析在面试中的价值主要体现在帮助确立面试中所需考察的职位知识、经验与能力要求。因为工作分析是针对工作本身进行的分析，所以提供的信息关注的是职位专业性要求。(2 分)

40. (1) 少而精的原则。工作岗位评价要素及其指标的设计和选择应当尽量简化。结构精简的评价指标体系，便于测定人员掌握和运用，可以缩短测量、比较、汇总、整理等项工作的周期，减少数据采集、处理、存储、传输的费用，节省人力、物力和时间，提高工作岗位评价的效率。(2 分)

(2) 界限清晰便于测量的原则。对每个要素及所包含的具体的评价指标都要给出明确的定义，使其内涵明确、外延清晰、范围合理。各要素及其具体指标的名称，要简洁概括，名副其实，防止含糊不清、界限不明，避免产生错觉，影响测评的质量。(2 分)

(3) 综合性原则。要素及其所属评价指标的设计，一定要符合“用尽量少的指标反映尽可能多的内容”的要求，将若干相近、相似的项目归结为同一个具有代表性的项目指标。有时，为了便于测量，对一个综合性很强的要素，也可以分解成 2～3 个子要素，并分别做出界定。(2 分)

（4）可比性原则。在工作岗位评价指标体系的总体设计上，一定要坚持可比性原则。所谓“可比性”应当体现在：不同岗位之间可以在时间上或空间上进行对比，各个不同岗位的任务可以在数量或质量上进行对比，各个不同岗位的评价指标可以从绝对数或相对数上进行对比等。（2分）

六、案例分析（本题10分）

41.（1）工作说明书是对企业各类工作岗位的工作性质、任务、责任、权限、工作内容与方法、工作应用实例、工作条件与工作工作环境及人员资格条件等所做的统一要求。（2分）主要包括：工作标识、工作概要、工作职责与任务、工作联系、工作绩效标准、工作环境条件、工作规范等。（2分）

（2）确定工作说明书的内容；（1分）选择工作说明书的格式；（1分）界定岗位；（1分）使用专业词汇；（1分）使用规范文字；（0.5分）使用正确的表述方式；（0.5分）使用统一的格式；（0.5分）多层次、多角度审核把关。（0.5分）

全真模拟演练（二）

（考试时间150分钟）

总分		题号	一	二	三	四	五	六
核分人		题分	20	20	9	25	16	10
复查人		得分						

一、单项选择题（本大题共20小题，每小题1分，共20分。在每小题列出的四个备选项中只有一个是符合题目要求的，请将其代码填写在题后的括号内。错选、多选或未选均无分）

1. 人力资源规划成功的关键在于（　　）。
   A. 工作岗位分析到位
   B. 确保有合适数量的员工
   C. 合理预测未来的人力资源供给状况
   D. 完善的人力资源储备制度
2. 我国的工作分析起源于（　　）。
   A. 管理学研究　　B. 经济学研究
   C. 社会学研究　　D. 人事心理学研究
3. 访谈法适用于（　　）的人群。
   A. 任何　　B. 对文字理解有困难
   C. 有文字理解能力　　D. 有书面表达能力
4. 只有问题而没有给出备选答案，需要由被调查者根据自己的判断来填写的问卷方式属于（　　）。
   A. 开放式　　B. 封闭式
   C. 混合式　　D. 结构式
5. 在工作分析过程中，中层管理人员需要担当的角色不包括（　　）。
   A. 支持并协助工作分析专家实施工作分析计划
   B. 选择适合参与工作信息搜集的任职者
   C. 根据信息搜集过程和信息分析过程的结果，编制工作说明书等工作分析结果文件
   D. 审核与认可工作分析的初期结果
6. 工作分析的最终结果是形成（　　）。
   A. 工作描述　　B. 工作规范

C. 工作说明书　　D. 工作计划

7. 胜任本岗位工作要求具备的专业理论知识称为（　　）。

A. 工作示例　　B. 应知

C. 应会　　D. 工作原理

8. 对企业各类工作岗位的工作性质、任务、责任、权限、工作内容与方法、工作应用实例、工作条件与工作环境及人员资格条件等所做的统一要求称（　　）。

A. 工作描述　　B. 工作规范

C. 工作说明书　　D. 工作评价

9. 古典工作设计理论始于（　　）。

A. 科学管理运动　　B. 双因素理论

C. 社会技术系统理论　　D. 工作特征理论

10. 适合实施弹性工作制的工作是（　　）。

A. 百货商店的营业员　　B. 办公室接待员

C. 科研人员　　D. 转配线上的操作工人

11. 通过工作评价，可以使企业将岗位（　　）转化为（　　），为建立公平合理的薪酬制度提供客观依据。

A. 量值，货币值　　B. 货币值，量值

C. 绝对价值，相对价值　　D. 相对价值，绝对价值

12. 最简单、最容易操作的工作评价方法是（　　）。

A. 评分法　　B. 分类法

C. 排列法　　D. 因素比较法

13. 面试中的“晕轮效应”表现为（　　）。

A. 所有的考官都应向应聘者问类似的问题

B. 考官只用一方面的特性来判断应聘者的整体素质

C. 考官在面试时想到了应聘者的心理测试分数

D. 考官没有将应聘者的有关信息整合起来

14. 关于结构化面试，错误的是（　　）。

A. 信息丰富、深入、完整　　B. 结果不容易进行统计分析和比较

C. 被测试者的报告带有一定的主观性　D. 能够获得非语言行为信息

15. 在确保满足培训需求的同时，企业的金钱、时间及努力不会浪费在无谓的培训活动中，需要进行（　　）。

A. 培训需求方案制订　　B. 培训需求方法选择

C. 培训需求分析　　D. 培训需求确定

16. 员工培训也有一个培训效果问题，需要进行（　　）。

A. 工作任务分析　　B. 工作内容分析

C. 投资收益分析　　D. 培训目的分析

17. 依据一定的标准，对单位或个人的工作业绩进行管理的过程称（　　）。

A. 绩效管理　　B. 工作考核

C. 工作评价　　D. 经济管理

18. 科学的确定绩效考核的基础，要做好（　　）两方面的工作。
A. 确定考核办法和工作要项
B. 确定绩效标准和考核人员
C. 确定工作要项和绩效标准
D. 确定考核系统和考核人员
19. 重在解决薪酬内部公平性问题的是（　　）。
A. 工作分析　　B. 工作评价
C. 薪酬调查　　D. 薪酬政策
20. 重在解决薪酬外部竞争性问题的是（　　）。
A. 工作分析　　B. 工作评价
C. 薪酬结构设计　　D. 薪酬调查

二、多项选择题（本大题共 10 小题，每小题 2 分，共 20 分。在每小题列出的五个备选项中至少有两个是符合题目要求的，请将其代码填写在题后的括号内。错选、多选或未选均无分）

21. 对任职者的资格条件分析包括（　　）。
A. 经验　　B. 技能
C. 教育　　D. 培训
E. 心理及生理因素
22. 以工作为导向的工作分析方法包括（　　）。
A. 关键事件法　　B. 职能工作分析法
C. 任务清单分析法　　D. 工作要素法
E. 临界特质分析法
23. 选择工作信息搜集方法需要考虑的因素包括（　　）。
A. 工作分析的目的　　B. 分析岗位的不同特点
C. 实际条件的限制　　D. 工作分析方法与人员的相互匹配性
E. 工作信息搜集者类型
24. 工作编号应该符合的要求有（　　）。
A. 唯一性　　B. 方便性
C. 多样性　　D. 可扩性
E. 可用性
25. 知识型员工的工作特点是（　　）。
A. 工作过程容易监控　　B. 工作具有创造性
C. 工作成果容易衡量　　D. 工作过程难以监控
E. 工作成果很难衡量
26. 工作评价的信息来源主要有（　　）。
A. 内部信息来源　　B. 外部信息来源
C. 直接信息来源　　D. 间接信息来源
E. 综合信息来源

27. 对于招聘而言，工作分析的侧重点是（　　）。
A. 该岗位的工作职责
B. 该岗位对任职者的要求
C. 每一项工作应达到的要求
D. 衡量每一项工作的标准
E. 关键考核指标

28. 培训的重要性主要表现为（　　）。
A. 培训能够使员工更加认同组织文化，更加清楚组织目标
B. 培训能使员工加深对岗位要求的理解，提高员工分析问题、解决问题的能力和专业技术水平，减少工作失误和事故
C. 培训可以提高企业开发与研制新产品的能力
D. 当培训产生效果时，就可以减少管理成本，使管理者从日常管理事务中解脱出来，用更多的精力考虑全局性、战略性问题
E. 培训具有激励作用，有利于提高员工的工作积极性，增强员工的归属感和成就感

29. 绩效管理的目的在于（　　）。
A. 正确评价团队或个人的工作任务完成情况
B. 促使组织成员产生与组织战略目标一致的行为
C. 促进员工的成长与能力开发
D. 为员工的奖惩提供依据
E. 为员工的升降职提供依据

30. 在相同的资格条件下，那些季节性、临时性受雇的员工通常都比正常受雇员工的薪酬高，主要是因为（　）。
A. 这些员工过了季节或某个时期就失业了，失业期间将无收入
B. 这些员工在受雇期间可能没有社会保障
C. 这些员工的工作风险比较大
D. 这些员工可能没有福利享受
E. 这些员工的技术要求高

三、名词解释（本大题共 3 小题，每小题 3 分，共 9 分）

31. 薪酬

32. 关键事件法

33. 员工培训

四、简答题（本大题共 5 小题，每小题 5 分，共 25 分）

34. 简述工作分析的内容。

35. 简述访谈法的优缺点。

36. 简述工作设计的一般步骤。

37. 简述人员预算的主要内容。

38. 简述评分法的一般程序。

五、论述题（本大题共 2 小题，每小题 8 分，共 16 分）

39. 试述工作设计的基本原则。

40. 试述编制工作说明书的一般准则。

六、案例分析（本题 10 分）

41. 某企业在招聘启事中这样描述某管理岗位：具有很强的独立工作能力，有丰富的企业管理经验，大学本科以上学历，条件优秀者可适当放宽学历要求，男女不限等。该招聘启事常常令应聘者一头雾水，不知道自己是否符合条件，有时候连招聘人员也一问三不知。这就导致了招聘工作“广种薄收”，效率低下。

问题：

（1）该工作说明书编写中存在的问题是什么？

（2）如何认识工作分析对员工招聘的作用？

全真模拟演练（二）参考答案及解析

一、单项选择题（本大题共20小题，每小题1分，共20分）

1. A	2. D	3. B	4. A	5. C
6. C	7. B	8. C	9. A	10. C
11. A	12. C	13. B	14. D	15. C
16. C	17. A	18. C	19. B	20. D

二、多项选择题（本大题共10小题，每小题2分，共20分）

21. ABCDE	22. ABC	23. ABCD	24. ABDE	25. BDE
26. CD	27. AB	28. ABCDE	29. ABCDE	30. ABD

三、名词解释（本大题共3小题，每小题3分，共9分）

31. 薪酬泛指员工获得的一切形式的报酬。(1分) 它包括：薪资、福利、保险等各种直接、间接的劳动报酬。(1分) 薪酬的表现形式可以分为有形的（物质）和无形的（非物质），不同形式的薪酬在激励员工方面有所不同。(1分)

32. 关键事件法是一种由工作分析专家、管理者或工作人员在大量搜集与工作相关信息的基础上详细记录其中关键事件及具体分析其岗位特征和要求的工作分析方法。(3分)

33. 员工培训是指使用一定的科学方法，通过对员工在知识、技术、能力和态度方面的训练，提高员工的能力，从而提高员工当前或未来的工作绩效。(3分)

四、简答题（本大题共5小题，每小题5分，共25分）

34. (1) 工作职责分析。(1分)

(2) 工作流程分析。(1分)

(3) 工作权限分析。(1分)

(4) 工作关系分析。(1分)

(5) 工作环境条件分析。(0.5分)

(6) 任职资格条件分析。(0.5分)

35. (1) 优点：

第一，操作简单。(1分)

第二，灵活性强。(1分)

第三，方便搜集深层次信息。(1分)

第四，有利于工作分析的开展。(0.5分)

(2) 缺点：

第一，对访谈者技巧要求高。(0.5分)

第二，工作成本较高。(0.5分)

第三，易受个人因素影响。(0.5 分)

36. 工作设计的一般步骤：

(1) 需求分析。(1 分)

(2) 可行性分析。(1 分)

(3) 评估工作特征。(1 分)

(4) 制订工作设计方案。(1 分)

(5) 评价与推广。(1 分)

37. (1) 人员数量。需要招聘的人员数量有多少。(1 分)

(2) 人员类型。需要招聘的人员是长期的固定员工，还是临时性的。(1 分)

(3) 岗位。需要招聘的人员将从事哪些岗位的工作，相关工作说明是什么。(1 分)

(4) 时间。在不同的时间段需要多少员工，以及需要什么类型的员工。(1 分)

(5) 薪酬预算。所招聘人员的薪酬水平是怎样的。(1 分)

38. 评分法的一般程序：

(1) 确定岗位的评价要素。(1 分)

(2) 为诸评价因素下定义并划分等级。(1 分)

(3) 确定各影响因素的点数。(1 分)

(4) 预先制定工资等级。(1 分)

(5) 实施。(1 分)

五、论述题（本大题共 2 小题，每小题 8 分，共 16 分）

39. 工作设计的基本原则：

(1) 效率原则。(1 分) 工作设计应使工作活动具有更高的输出效率，有效地改进、提高工作效率。(1 分) 通过良好的工作设计，使组织成员更好地明确工作职责与分工范畴，形成良好的工作协调与合作关系，提高组织的有序性、均衡性与连续性，创建符合员工个体特征的工作活动模式，促进员工能力的充分发挥。(1 分)

(2) 工作生活质量原则。(1 分) 工作设计应符合员工对工作生活质量的要求。(1 分) 工作生活质量的提高，可使员工对工作产生更为满意与向往的心情，增强归属感，并由此形成良好的组织气氛，提高组织的活动效能。(1 分)

(3) 系统化设计原则。(1 分) 工作设计是一项复杂的系统工程，工作设计应充分考虑工作中各个方面的影响，包括组织体系、工艺技术、管理方式、工作者、工作环境等，要努力寻求各方面因素的最佳组合，使之在工作系统中构成良好的协调关系。(1 分)

40. 编制工作说明书的一般准则包括：

(1) 确定工作说明书的内容。(1 分)

(2) 选择工作说明书的格式。(1 分)

(3) 岗位界定。(1 分)

(4) 使用专业词汇。(1 分)

(5) 使用规范文字。(1 分)

(6) 使用正确的表述方式。(1 分)

（7）使用统一的格式。（1分）

（8）多层次、多角度审核把关。（1分）

六、案例分析（本题10分）

41.（1）工作说明书的内容和结构认识不清；（1分）对工作职责界定不清；（1分）工作说明书的编写存在很大的随意性和盲目性；（1分）工作说明书内容零乱、不成体系。（1分）

（2）通过工作分析，明确岗位职责和任务，为招聘者提供有关工作的详细信息；（2分）明确应聘者需要具备的素质水平，为招聘者提供可行的应聘资格背景信息，有助于应聘者资料的筛选；（2分）提供在选拔过程中需要测试应聘者的工作技能资料，组织有效面试，选拔合格应聘人员。（2分）

全真模拟演练（三）

（考试时间 150 分钟）

总分		题号	一	二	三	四	五	六
核分人		题分	20	20	9	25	16	10
复查人		得分						

一、单项选择题（本大题共 20 小题，每小题 1 分，共 20 分。在每小题列出的四个备选项中只有一个是符合题目要求的，请将其代码填写在题后的括号内。错选、多选或未选均无分）

1. 历史上第一次进行大规模工作分析活动的是（　　）为德国一家翻译协会编纂的一部百科全书。

A. 丹尼斯·狄德罗　　B. 卡尔·舒尔茨
C. 赛拉斯·伯特　　D. 芒斯特伯格

2. 分析者采用科学的手段与技术，直接搜集、比较、综合有关工作的信息，就工作岗位的状况、基本职责、资格要求等做出规范的描述与说明的活动过程被称为（　　）。

A. 工作评价　　B. 素质测评
C. 工作分析　　D. 绩效管理

3. 选择工作信息搜集方法需要考虑的首要因素是（　　）。

A. 工作分析的目的　　B. 分析岗位的不同特点
C. 实际条件的限制　　D. 工作分析方法与人员的相互匹配性

4. 工作分析的最终结果是（　　）。

A. 工作执行标准　　B. 制定薪酬的标准
C. 培训需求内容　　D. 工作说明书

5. 从产品或服务的生产环节调查入手进行的工作分析活动是（　　）的工作分析。

A. 岗位导向型　　B. 人员导向型
C. 过程导向型　　D. 多重目的型

6. 最早采用自我管理工作团队的公司是（　　）。

A. 沃尔沃汽车公司　　B. 克莱斯勒公司
C. 通用汽车公司　　D. 电话电报公司

7. 对有文字理解和书面表达能力的人群，往往采用的工作分析方法是（　　）。

A. 面谈法　　B. 问卷法

C. 观察法　　D. 工作日志法

8. 认为不同工作岗位的要求存在差异性，让每个人从事他们最适合的工作才能取得最大效率的古代思想家是（　　）。

A. 柏拉图　　B. 亚当·斯密

C. 苏格拉底　　D. 大卫·李嘉图

9. 泰勒的科学管理原理的理论基础是亚当·斯密提出的（　　）。

A. 工作专业化　　B. 工作扩大化

C. 工作丰富化　　D. 职能专业化

10. 人们分析和思考问题的能力是（　　）。

A. 协调能力　　B. 应变能力

C. 认知能力　　D. 计划能力

11. 下列工作分析方法中，广泛应用了概率和数理统计学原理的是（　　）。

A. 职位分析问卷法　　B. 测时法

C. 工作抽样法　　D. 工作写实法

12. （　　）是将各种工作与事先设定的一个标准进行比较。

A. 工作排序法　　B. 工作分类法

C. 点数法　　D. 海氏工作评价系统

13. 工作活动中不能再继续分解的最小单位是（　　）。

A. 要素　　B. 任务

C. 职责　　D. 职位

14. 对传统工作分析与现代工作分析进行比较，在人员关系问题与改进方面，现代管理发展的趋势是（　　）。

A. 扩大职责和交叉职责　　B. 管理层与员工之间差别逐渐缩小

C. 团队工作和自我管理小组　　D. 持续变动中的职责和 KSAO

15. 信息搜集人员是指在工作分析过程中承担信息搜集任务的人员，应着重对他们的（　　）进行培训。

A. 思考能力　　B. 逻辑能力

C. 沟通技能和分析技能　　D. 记忆能力

16. 重在解决薪酬内部公平性问题的是（　　）。

A. 工作分析　　B. 工作评价

C. 薪酬调查　　D. 薪酬政策

17. 工作分析过程的核心阶段是（　　）。

A. 制订具体的实施操作计划　　B. 实际搜集与分析工作信息

C. 与有关人员进行沟通　　D. 编写工作说明书

18. 职业分类是在中类的范围内，按照工作环境、功能及其相互关系的同一性进行的是（　　）。

A. 大类层次　　B. 中类层次

C. 小类层次　　D. 细类

19. （　　）是介于工作分析和薪酬制度设计之间的一个必备环节。

A. 工作评价
B. 工作设计
C. 工作扩大化
D. 工作丰富化

20. 下列不属于工作分析在人力资源管理中的作用的是（　　）。
A. 优化工作流程
B. 人力资源规划
C. 工作评价
D. 职业生涯规划

二、多项选择题（本大题共 10 小题，每小题 2 分，共 20 分。在每小题列出的五个备选项中至少有两个是符合题目要求的，请将其代码填写在题后的括号内。错选、多选或未选均无分）

21. 工作分析的整个流程分为（　　）阶段。
A. 工作分析前的准备
B. 工作信息的搜集
C. 工作信息的分析与标准化
D. 工作分析结果的形成与应用
E. 工作观察

22. 在运用访谈法时，需要把握的原则包括（　　）。
A. 尊重原则
B. 互动原则
C. 倾听原则
D. 详尽原则
E. 隐蔽原则

23. 任务清单分析系统的优点在于（　　）。
A. 信息可靠
B. 使用范围广泛
C. 成本低
D. 难度小
E. 工作量少

24. 工作分析要遵循的基本原则是（　　）。
A. 系统原则
B. 能级原则
C. 标准化原则
D. 最优化原则
E. 经济原则

25. 下列（　　）是最常见的工作设计方法。
A. 工作专业化
B. 工作制度化
C. 工作机械化
D. 工作丰富化
E. 工作扩大化

26. 选择工作信息搜集方法需要考虑的因素包括（　　）。
A. 工作分析的目的
B. 分析岗位的不同特点
C. 实际条件的限制
D. 工作分析方法与人员的相互匹配性
E. 工作信息搜集者类型

27. 确定工作任职者所应具有的最低资格条件，主要包括（　　）。
A. 必备的心理素质
B. 必备的技能
C. 必备的经验
D. 必备的体能要求
E. 必备的心智能力

28. 下列建立任职资格的五种方法中具有普遍适用性的有（　　）。
A. 以工作为导向的推导方法
B. 以行为为导向的推导方法

C. 基于定量化职位分析方法　　D. 基于企业实证数据的方法
E. 基于公共数据的方法

29. 临界特质系统的三大类特质维度包括（　　）。
A. 身体技能　　B. 认知能力
C. 思想素质　　D. 道德修养
E. 动机因素

30. 双因素理论中的保健因素通常包括（　　）。
A. 公司政策　　B. 具有挑战性的工作
C. 工作责任　　D. 物质工作条件
E. 人际关系

三、名词解释（本大题共 3 小题，每小题 3 分，共 9 分）

31. 工作分析

32. 工作设计

33. 关键事件法

四、简答题（本大题共 5 小题，每小题 5 分，共 25 分）

34. 在何种情形下组织需要进行工作分析？

35. 简述工作分析的内容。

36. 简述工作分析的工作流程。

37. 简述工作设计的一般步骤。

38. 简述如何科学编制工作说明书。

五、论述题（本大题共 2 小题，每小题 8 分，共 16 分）

39. 试述聘请外部专家进行工作分析的优缺点。

40. 试述工作分析准备阶段的内容。

六、案例分析（本题 10 分）

41. **工作分析该不该保留**

A 公司是中关村的一家从事软件开发与生产的股份有限公司。该公司高层认为科学的管理能够带来巨大的经济效益，于是，他们非常注重引进现代管理技术与手段。在 2013 年 10 月该公司进行了大规模的工作分析，并根据工作分析的结果，编制了各岗位的工作说明书。刚开始，这些改革确实给公司带来了高效率和高效益，但从 2014 年 7 月开始，各部门经理就不断抱怨工作说明书不符合其部门现在的主要职责和任务，其中的人员编制说明禁锢了各部门的发展，也挫伤了员工的工作积极性。为此，公司特意委派专业人员进行了详细调查，发现随着生产技术的飞速发展，产品生命周期逐渐缩短，而工作说明书大大降低了公司人力资源使用的弹性。当今软件开发所要求的产品知识更新速度极快，相应地任职人员的资格条件也随之变化，刚刚通过工作分析所得到的工作说明书基本上不起作用。于是，为了公司的发展，公司高层决定不再进行工作分析，也不再使用工作说明书和任何工作分析的结果。

问题：

（1）案例中反映出工作分析在当今时代面临着什么问题？

（2）你觉得应该如何处理这些问题？

全真模拟演练（三）参考答案及解析

一、单项选择题（本大题共 20 小题，每小题 1 分，共 20 分）

1. A	2. C	3. A	4. D	5. C
6. A	7. B	8. C	9. A	10. C
11. C	12. B	13. A	14. B	15. C
16. B	17. B	18. C	19. A	20. A

二、多项选择题（本大题共 10 小题，每小题 2 分，共 20 分）

21. ABCD	22. ABC	23. ACD	24. ABCD	25. ADE
26. ABCD	27. BCDE	28. ABC	29. ABE	30. ADE

三、名词解释（本大题共 3 小题，每小题 3 分，共 9 分）

31. 工作分析指将企业中所有工作按其性质（如任务的繁简难易程度、责任大小、所需的资格条件等）进行分析比较，制定出工作说明书等人事管理文件，并根据一定的标准和程序进行归类，以作为招聘、考核、培训、晋升、确定薪酬的基本依据。(3 分)

32. 工作设计指为了有效地达到组织目标与满足个人需求而进行的工作内容、工作职能和工作关系的设计。(3 分)

33. 关键事件法是一种由工作分析专家、管理者或工作人员在大量搜集与工作相关信息的基础上详细记录其中关键事件及具体分析其岗位特征和要求的工作分析方法。(3 分)

四、简答题（本大题共 5 小题，每小题 5 分，共 25 分）

34. (1) 组织管理体系、业务流程运行不畅。(1 分)

(2) 新技术、新方法、新工艺或新系统的引进使工作内容或工作性质发生重要变化时，需要对组织中的工作进行重新界定。(1 分)

(3) 组织的战略计划得不到有效的落实，引起对工作分析的需求。(1 分)

(4) 组织中出现岗位职责不清、分工不明、人浮于事、工作说明书与实际工作不符等事项时，需要理顺各种工作关系。(1 分)

(5) 其他人力资源管理工作（如招聘、培训、绩效考核等）缺乏信息基础，如很难确定用人标准和培训需求、没有科学的考核标准、无法对各岗位的价值进行评估时，急需通过工作分析来获取有关工作的全面信息。(1 分)

35. (1) 工作职责分析。(1 分)

(2) 工作流程分析。(1 分)

(3) 工作权限分析。(1 分)

(4) 工作关系分析。(1 分)

(5) 工作环境条件分析。(0.5 分)

(6) 任职资格条件分析。(0.5 分)(答出任意五点即可得满分。)

36. (1) 工作分析前的准备。(1 分)

(2) 工作信息的搜集。(1 分)

(3) 工作信息的分析与标准化。(1 分)

(4) 工作分析结果的形成。(1 分)

(5) 工作分析结果的应用。(1 分)

37. (1) 需求分析。(1 分)

(2) 可行性分析。(1 分)

(3) 评估工作特征。(1 分)

(4) 制订工作设计方案。(1 分)

(5) 评价与推广。(1 分)

38. (1) 定位清晰，高层认同。(1 分)

(2) 员工的参与和配合。(1 分)

(3) 逐步分层实施。(1 分)

(4) 格式统一，用语准确，内容得当。(1 分)

(5) 及时沟通。(0.5 分)

(6) 建立动态管理机制。(0.5 分)

五、论述题 (本大题共 2 小题，每小题 8 分，共 16 分)

39. 优点：

(1) 聘请外部专家来实施工作分析比在组织内部保留专职的工作分析人员更加经济、节省费用。(1 分)

(2) 外部专家对组织内部问题的分析会更加客观、可信，不会受到组织内部的干扰。(1 分)

(3) 外部专家实施工作分析的经验较为丰富，而组织内部的人员往往不具备其他组织中的经验。(2 分)

缺点：

(1) 当工作地点分布较广时，在差旅、时间及相关方面花费的费用会比较高。(1 分)

(2) 工作分析的专家对具体的工作业务缺乏了解，他们会花费大量时间去了解工作业务，在一定程度上影响了工作分析的进程。(1 分)

(3) 工作任职者可能对外部专家不能完全接受，在提供与工作相关的信息方面会给外部专家设置障碍。(2 分)

40. (1) 明确工作分析的目标。(2 分)

(2) 制订总体分析计划。(2 分)

(3) 收集并分析相关资料。(1 分)

(4) 明确搜集信息的内容。(1 分)

(5) 选择搜集信息的方法。(1 分)

（6）成立工作分析项目小组。（1分）

六、案例分析（本题10分）

41.（1）工作分析在当今时代面临的问题：生产技术的飞速发展，产品生命周期逐渐缩短，原工作分析、职务说明节拍慢且不适应发展；（1分）当今软件开发所要求的产品知识更新速度极快，对岗位、人员要求随之不断提高；（2分）各部门经理不断抱怨工作说明书不符合其部门现在的主要职责和任务，说明工作分析不透彻或说不到点子上，造成工作说明书脱离实际或职责和任务分得太细，致使岗位编制没有契合人员需求。（2分）

（2）建议：人力资源部应找专业人士来编写工作说明书；（1分）工作说明书应从其工作范围、原则、要求来写，不宜写太细；（1分）员工的薪酬、绩效应根据其工作范围、要求来编制；（1分）根据动态工作分析原理，依据市场变化带来的职责与岗位的变化适时进行年度工作分析、季度分析甚至是月度工作分析。（2分）

全真模拟演练（四）

（考试时间 150 分钟）

总分		题号	一	二	三	四	五	六
核分人		题分	20	20	9	25	16	10
复查人		得分						

一、单项选择题（本大题共 20 小题，每小题 1 分，共 20 分。在每小题列出的四个备选项中只有一个是符合题目要求的，请将其代码填写在题后的括号内。错选、多选或未选均无分）

1. 工作分析与工作评价制度首先在（　　）领域得以推广应用。

A. 政府部门　　B. 军队

C. 工商企业　　D. 教育领域

2. 最容易接受工作分析活动的群体是（　　）。

A. 高层管理人员　　B. 中层管理人员

C. 工作分析人员　　D. 员工

3. 对于工作周期很长和突发事件较多的工作比较适合的观察方法是（　　）。

A. 直接观察法　　B. 间接观察法

C. 阶段观察法　　D. 工作表演法

4. 当组织内的工作是高度结构性的时候，往往采用的工作分析方法是（　　）。

A. 面谈法　　B. 问卷法

C. 工作导向型分析系统　　D. 人员导向型分析系统

5. 能够监控任职者所从事的工作，对目标工作的相关情况非常了解的主体是（　　）。

A. 工作分析专家　　B. 工作任职者

C. 工作任职者的上级主管　　D. 组织高层领导

6. （　　）是提取职位层次的绩效考核指标的重要基础和依据。

A. 工作概要　　B. 绩效标准

C. 工作识别　　D. 工作职责

7. 将科学管理与人际关系方法结合起来的工作设计方法是（　　）。

A. 双因素理论　　B. 社会技术系统理论

C. 跨学科理论　　D. HP 工作设计理论

8. 我国的工作分析起源于（　　）。

A. 管理学研究　　B. 经济学研究
C. 社会学研究　　D. 人事心理学研究

9. 最简单、最容易操作的工作评价方法是（　　）。
A. 评分法　　B. 分类法
C. 排列法　　D. 因素比较法

10. 对员工的未来发展潜力及可能承担的工作做出评价称（　　）。
A. 发展潜力评价　　B. 优势与劣势评价
C. 工作评价　　D. 技能评价

11. 设计员工培训方案的基础是（　　）。
A. 工作任务　　B. 工作分析
C. 工作内容　　D. 工作设计

12. 影响绩效的最直接因素是（　　）。
A. 工作说明书　　B. 工作规范
C. 工作分析　　D. 工作描述

13. 重在解决薪酬外部竞争性问题的是（　　）。
A. 工作分析　　B. 工作评价
C. 薪酬调查　　D. 薪酬结构设计

14. 选择工作信息搜集方法的首要因素是（　　）。
A. 工作分析的目的　　B. 分析岗位的特征
C. 实际条件的限制　　D. 工作信息的来源

15. 通过工作评价，可以使企业将岗位（　　）转化为（　　），为建立公平合理的薪酬制度提供客观依据。
A. 量值，货币值　　B. 货币值，量值
C. 绝对价值，相对价值　　D. 相对价值，绝对价值

16. 最初由美国联邦政府使用的工作评价方法是（　　）。
A. 评分法　　B. 分类法
C. 排列法　　D. 因素比较法

17. 工作评价是对企业各类岗位的（　　）进行衡量的过程。
A. 有形价值　　B. 无形价值
C. 相对价值　　D. 绝对价值

18. 培训需求分析是培训成功的关键步骤，其内容不包括（　　）。
A. 组织分析　　B. 个人分析
C. 绩效分析　　D. 工作分析

19. 胜任岗位工作要求具备的工作年限称（　　）。
A. 职责要求　　B. 知识要求
C. 能力要求　　D. 经历要求

20. 应用最为广泛的工作信息搜集方法是（　　）。
A. 面谈法　　B. 问卷法
C. 观察法　　D. 工作日志法

二、多项选择题（本大题共 10 小题，每小题 2 分，共 20 分。在每小题列出的五个备选项中至少有两个是符合题目要求的，请将其代码填写在题后的括号内。错选、多选或未选均无分）

21. 工作再设计的方法包括（　　）。

A. 工作轮换　　B. 工作扩大化
C. 工作丰富化　　D. 工作扁平化
E. 弹性工作

22. 以人员为导向的工作分析方法包括（　　）。

A. 关键事件法　　B. 职能工作分析法
C. 职位分析问卷法　　D. 工作要素法
E. 临界特质分析法

23. 选择工作信息搜集方法需要考虑的因素包括（　　）。

A. 工作分析的目的　　B. 分析岗位的不同特点
C. 实际条件的限制　　D. 工作分析方法与人员的相互匹配性
E. 工作信息搜集者的类型

24. 员工岗位工作规范主要包括的内容有（　　）。

A. 应知　　B. 应会
C. 任务　　D. 内容
E. 工作示例

25. 工作设计的影响因素包括（　　）。

A. 劳动者个人特征　　B. 劳动条件
C. 工艺技术　　D. 管理方式
E. 政策机制

26. 工作评价的方法有（　　）。

A. 评分法　　B. 参与法
C. 分类法　　D. 分析法
E. 因素比较法

27. 人力资源需求预测的依据是（　　）。

A. 组织的战略目标　　B. 组织的发展计划
C. 组织的经营目标　　D. 组织的工作岗位
E. 组织的工作任务

28. 培训需求分析主要从（　　）方面展开。

A. 政策分析　　B. 组织分析
C. 工作分析　　D. 个人分析
E. 环境分析

29. 确定关键业绩指标体系的原则是（　　）。

A. 经济原则　　B. 关键性原则
C. 考虑个体差异原则　　D. 可控性原则

E. 注重行为原则

30. 薪酬结构问题主要包括（　　）。

A. 薪酬类型　　B. 薪酬水平
C. 薪酬范围　　D. 薪率
E. 薪酬幅度

三、名词解释（本大题共 3 小题，每小题 3 分，共 9 分）

31. 工作评价

32. 工作日志法

33. 工作描述

四、简答题（本大题共 5 小题，每小题 5 分，共 25 分）

34. 简述确定培训需求的步骤。

35. 简述工作分析需遵循的原则。

36. 简述问卷法的优缺点。

37. 如何制订工作分析的实施计划？

38. 简述薪酬制度设计的一般步骤。

五、论述题（本大题共 2 小题，每小题 8 分，共 16 分）

39. 试述选择工作评价的要素应遵循的原则。

40. 试述工作设计的要求。

六、案例分析（本题 10 分）

41. A 公司是北京一家大型制药上市企业。该公司在 2013 年高薪聘用 60 名本科以上的技术型人才，其中包括 25 名硕士、10 名博士。招聘时 A 公司承诺为他们提供良好的工作环境、优越的工作条件和具有挑战性的薪水。然而工作不到一年，各类问题接踵而至：有的人抱怨专业不对口，技术优势无法发挥；有的人认为自己的才能远远超过岗位工作的要求；有的人反映工作条件难以满足岗位工作的需要，而其他资源却没被充分利用；更有甚者，在一次偶然的技术事故中，当事人以工作说明书未注明工作风险的可能性为由，推脱责任。这些不满情绪和换岗要求让人力资源部经理非常困惑，而且有 5 位优秀员工已先后离开公司。看来，工作环境、工作条件和具有挑战性的薪水并不是促使员工安心工作的唯一保证。

问题：

（1）分析该案例中出现的问题，导致的后果是什么？

（2）分析导致问题出现的原因有哪些？应该从何入手去解决？

全真模拟演练（四）参考答案及解析

一、单项选择题（本大题共 20 小题，每小题 1 分，共 20 分）

1. C	2. B	3. D	4. C	5. C
6. B	7. D	8. D	9. C	10. A
11. B	12. D	13. C	14. A	15. A
16. B	17. C	18. C	19. D	20. A

二、多项选择题（本大题共 10 小题，每小题 2 分，共 20 分）

21. ABCE	22. CDE	23. ABCD	24. ABE	25. ABCDE
26. ACE	27. ABCDE	28. BCD	29. BDE	30. CDE

三、名词解释（本大题共 3 小题，每小题 3 分，共 9 分）

31. 工作评价指通过一定的方法来确定企业内部工作与工作之间的相对价值。（3 分）

32. 工作日志法指任职者按时间顺序详细记录自己的工作内容与工作过程，然后经过归纳和总结实现工作分析目的的一种方法。（3 分）

33. 工作描述是指用书面形式对组织中各类岗位的工作性质、工作任务、工作职责与工作环境等所做的统一说明。（3 分）

四、简答题（本大题共 5 小题，每小题 5 分，共 25 分）

34. （1）根据组织战略目标需要确定需进行分析的工作。（1 分）

（2）根据该工作岗位的工作说明书列出基本的任务及完成这些任务所需技能、知识的清单。（1 分）

（3）列出员工完成每一项工作任务的具体步骤。（1 分）

（4）根据内外部环境的变化重新确认工作任务和所需技能。（1 分）

（5）为各工作岗位制定针对培训需求分析的调查表，通过让员工填写这些表格，可以收集到关于培训的有关资料。（1 分）

35. （1）系统原则。（1 分）

（2）动态原则。（1 分）

（3）能级原则。（1 分）

（4）标准化原则。（1 分）

（5）最优化原则。（1 分）

36. 优点：

（1）节约时间和成本。（0.5 分）

（2）对正常工作的影响较小。（0.5 分）

（3）适用性广泛。（0.5 分）

（4）数据方便处理。（0.5 分）

缺点：

（1）问卷设计难度较大。（0.5 分）

（2）可控性较差。（0.5 分）

（3）不易获取深层次信息。（1 分）

（4）问卷法不适用于对文字理解能力和表达能力较差的人群。（1 分）

37. 一份完整的工作分析的实施计划通常包含的内容有：

（1）工作分析的目的和意义。（1 分）

（2）工作分析项目的组织形式与实施者。（0.5 分）

（3）工作分析所需搜集的信息内容。（1 分）

（4）工作分析实施的步骤和时间安排。（0.5 分）

（5）工作分析方法的选择。（1 分）

（6）工作分析的结果。（0.5 分）

（7）工作分析结果的审核与评价。（0.5 分）

38. 薪酬制度设计需要经过以下几个步骤：

（1）工作分析。（1 分）

（2）工作评价。（1 分）

（3）薪酬调查。（1 分）

（4）薪酬定位。（1 分）

（5）薪酬结构设计。（1 分）

五、论述题（本大题共 2 小题，每小题 8 分，共 16 分）

39.（1）少而精的原则。工作岗位评价要素及其指标的设计和选择应当尽量简化。（2 分）

（2）界限清晰便于测量的原则。对每个要素及所包含的具体的评价指标都要给出明确的定义，使其内涵明确、外延清晰、范围合理。（2 分）

（3）综合性原则。要素及其所属评价指标的设计，一定要符合“用尽量少的指标反映尽可能多的内容”的要求，将若干相近、相似的项目归结为同一个具有代表性的项目指标。（2 分）

（4）可比性原则。在工作岗位评价指标体系的总体设计上，一定要坚持可比性原则。所谓“可比性”应当体现在：不同岗位之间可以在时间上或空间上进行对比，各个不同岗位的任务可以在数量或质量上进行对比，各个不同岗位的评价指标可以从绝对数或相对数上进行对比等。（2 分）

40. 工作设计的要求：

（1）确保组织任务的顺利完成。全部岗位的集合通过工作设计应能顺利地完成组织的总任务，即组织运行所需的每一项工作都落实到具体的岗位中去。（2 分）

（2）有助于发挥人的能力，提高组织效率。这就要求工作设计要全面权衡，找到一个最佳的结合点，保证每一个人都能高效地工作，并有利于工作积极性的发挥。（2 分）

（3）明确岗位职责。全部岗位所构成的责任体系应能保证组织目标的实现，即组织运行所要达到的每一项工作结果，组织内每一项资产的安全及有效运行都必须明确由哪个岗位负责，不能出现责任空缺的情况。（2 分）

（4）应考虑现实的可能性。每个岗位规定的任务、责任由当时的资源条件决定，不能脱离资源的约束来单独考虑组织的需要。（2 分）

六、案例分析（本题 10 分）

41.（1）A 公司出现上述问题必然导致组织效率和工作绩效的下降，而且由于优秀员工的离开，可能会导致公司核心技术、发展策略和其他重要文件的流失，给公司带来无法估量的损失；（3 分）由于技术事故的发生，员工诉讼、医疗支付、赔偿和由于工作停滞发生的机会支出，同样会导致公司人力资源成本上升。（2 分）

（2）A 公司可能在以下三个环节出现问题：①招聘时没有进行以工作分析为基础的人才测试，仅仅注重了学历要求和技术背景；（1 分）②安排工作时未充分考虑任职者的现实能力和岗位要求；（1 分）③工作过程中没有实施以工作分析为基础的培训和绩效评估。（1 分）由此看来，在这一过程中，工作分析起了关键作用。A 公司应该在专业企业管理顾问公司的指导下，从工作分析入手全面解决上述问题。（2 分）

全真模拟演练（五）

（考试时间 150 分钟）

总分		题号	一	二	三	四	五	六
核分人		题分	20	20	9	25	16	10
复查人		得分						

一、单项选择题（本大题共 20 小题，每小题 1 分，共 20 分。在每小题列出的四个备选项中只有一个是符合题目要求的，请将其代码填写在题后的括号内。错选、多选或未选均无分）

1. 下列关于工作分析的描述正确的是（　　）。

A. 工作分析的目的在于确定薪酬

B. 工作分析的分析对象是工作任务

C. 工作分析是人力资源管理的基础

D. 工作分析属于企业管理中的独立环节

2. 不属于工作分析内容的是（　　）。

A. 工作职责分析　　B. 工作流程分析

C. 工作环境分析　　D. 工作重要程度分析

3. 不属于传统工作方法分析的是（　　）。

A. 访谈法　　B. 问卷法

C. 实践法　　D. 工作日志法

4. 关键事件法的优点在于（　　）。

A. 任务描述详细　　B. 同时考虑员工和工作两个变量

C. 所需费用较少　　D. 准确度较高

5. 工作分析结果最直接的应用者是（　　）。

A. 员工　　B. 中层管理人员

C. 高层管理人员　　D. 工作分析人员

6. 工作信息的标准化是指（　　）。

A. 规范化、结构化和具体化　　B. 规范化、结构化和数量化

C. 结构化、具体化和数量化　　D. 规范化、程序化和具体化

7. 工作概要又称（　　）。

A. 工作识别　　B. 工作联系

C. 工作目的　　D. 工作关系

8. 工作说明书的常见问题有（　　）。

A. 格式要求规范　　B. 使用专业词汇

C. 工作说明书内容明确　　D. 工作说明书不及时更新

9. 关于工作设计的说法正确的是（　　）。

A. 是对新设置的岗位进行设计

B. 包括工作内容、工作职能和工作关系等

C. 目的是保证较高的工作满意度

D. 首先考虑发挥员工的工作能力

10. 知识型员工的个性特点是（　　）。

A. 工作具有创造力　　B. 重视工作内容

C. 注重实现个人价值　　D. 注重个人职业晋升

11. 关于工作评价错误的说法是（　　）。

A. 工作评价是一项系统工程

B. 可概括为系统设计、现场实施和数据处理

C. 评价中心是现有的人员

D. 是对不同岗位的相对价值衡量评比过程

12. 对企业全部岗位进行多层次划分的方法是（　　）。

A. 排列法　　B. 分类法

C. 评分法　　D. 因素比较法

13. 工作分析在候选人资料筛选中的应用主要包括（　　）等主要考察指标。

A. 学历、专业、工作经验和资格证书

B. 学历、专业、能力和工作经验

C. 学历、专业、资格证书和能力

D. 学历、能力、工作经验和资格证书

14. 关于工作分析与培训关系的正确说法是（　　）。

A. 有利于员工培训需求的确定

B. 满足员工的培训需求

C. 培训是工作分析的基础

D. 有助于了解员工对培训的态度

15. 下列不属于确定关键业绩指标原则的是（　　）。

A. 关键性原则　　B. 可控性原则

C. 注重结果原则　　D. 注重行为原则

16. 决定绩效评估方式的是（　　）。

A. 工作描述　　B. 员工特点

C. 工作分析　　D. 岗位特点

17. 绩效评估人员不包括（　　）。

A. 直接上级　　B. 同事

C. 被评估者本人　　D. 工作分析员

18. 薪酬设计的要点是（　　）。
A. 权利与责任对等　　B. 有形激励与无形激励相配合
C. 以工作分析和评价为基础　　D. 对内公平，对外竞争

19. 下列关于相对薪酬的描述正确的是（　　）。
A. 相对薪酬是员工所获得的实际薪酬
B. 相对薪酬能确定员工的社会生活水准
C. 相对薪酬更能反映薪酬公平
D. 相对薪酬是员工对薪酬满意度的主要判断依据

20. 关于因素比较法错误的说法是（　　）。
A. 选择的典型岗位必须是广为人知的
B. 通常由评价小组的组长对岗位进行排序
C. 对典型岗位的排序是以工作描述和工作规范为基础的
D. 需要根据报酬医素对岗位进行多次排序

二、多项选择题（本大题共 10 小题，每小题 2 分，共 20 分。在每小题列出的五个备选项中至少有两个是符合题目要求的，请将其代码填写在题后的括号内。错选、多选或未选均无分）

21. 工作分析在人力资源管理中的基础地位体现在（　　）。
A. 使人力资源规划更加准确　　B. 使工作职责更加明确
C. 使工作设计更加合理　　D. 使员工更能实现自我价值
E. 使人事管理更加科学

22. 现代工作分析方法包括（　　）。
A. 关键事件法　　B. 职能工作分析法
C. 任务清单分析法　　D. 职位分析问卷法
E. 工作要素法

23. 工作说明书的内容包括（　　）。
A. 工作目的　　B. 工作职责
C. 工作任务　　D. 工作权限
E. 任职者资格要求

24. 工作描述与工作规范的区别在于（　　）。
A. 工作描述是工作规范的基础
B. 工作描述以“工作”为中心，工作规范以“人员”为中心
C. 工作描述的内容更加广泛
D. 工作描述是工作分析的结果
E. 工作描述最终形成工作说明

25. 工作设计的一般步骤有（　　）。
A. 需求分析　　B. 可行性分析
C. 评估工作特征　　D. 制订工作设计方案
E. 评价与推广

26. 工作评价的基本功能是（　　）。
A. 以量值表现岗位的特点　　B. 比较岗位价值的大小
C. 为员工招聘、培训提供依据　　D. 为薪酬管理的内部公平提供依据
E. 建立评价指标体系
27. 关于工作分析与员工招聘的关系正确的说法是（　　）。
A. 招聘岗位的相关信息来自工作分析
B. 工作分析指出空缺岗位与其他岗位的关系
C. 工作分析有助于招聘筛选指标的选择
D. 工作分析能验证应聘者是否具备该岗位工作能力
E. 工作分析有助于保证员工素质
28. 下列不属于常见培训方式的有（　　）。
A. 课堂讲授法　　B. 观察法
C. 工作指导法　　D. 案例研究法
E. 交谈法
29. 绩效管理的意义表现为（　　）。
A. 改进管理效率，提高工作质量
B. 帮助员工改进工作，谋求发展
C. 为制定激励措施提供依据
D. 为员工培训提供明确方向
E. 融洽员工关系的桥梁
30. 关于评分法在薪酬管理中的应用正确的说法是（　　）。
A. 确定岗位的评价因素是该方法的基础
B. 岗位评价因素一般在 4～12 个
C. 需要为每个影响因素确定权重
D. 工资等级系列可以自然确定，也可以预先制定
E. 进行评定时，要以工作说明书为依据

三、名词解释（本大题共 3 小题，每小题 3 分，共 9 分）

31. 关键事件法

32. 工作规范

33. 工作设计

四、简答题（本大题共 5 小题，每小题 5 分，共 25 分）

34. 简述职能工作分析法的优缺点。

35. 简述工作设计的要求。

36. 简述工作评价的实施要求。

37. 简述培训需求评估的作用。

38. 简述影响薪酬的外在因素。

五、论述题（本大题共 2 小题，每小题 8 分，共 16 分）

39. 试述工作分析需要遵循的原则。

40. 试述问卷法的操作流程。

六、案例分析（本题 10 分）

41. 新世纪摄影公司的主要业务是摄影、冲印底片和制作艺术照片。公司由 50 名雇员组成，有 8 位管理人员。艺术部（8 名雇员和 1 名管理人员）的基本工作是挑选相片，进行艺术处理，并装订成册。如果组织得当，这些工作其实是很有趣的。在工作设计之前，主管人员接收所有的任务，将它们归类整理，然后按工人的技术水平分派任务，指定完成期限。工作负担过重时，主管者本人也要完成一部分工作，完成工作后，他必须检查所有的产品，并修补有问题的部分。对主管人员而言，修补有问题的相片是个令人头痛的问题，它需要大量细致且烦琐的工作，而主管花费了大量的时间和精力在上面，仍有积压，以至顾客和其他部门经常抱怨，结果他忙得几乎没有时间培训和管理员工，而雇员的出错率也越来越高，积压也越来越多，工作的效率也越来越低下。同时，不合理的计酬方式使情况更加恶化。报酬的高低以完成任务的数量来定而不考虑工作难易程度。这使那些有经验要求的工作及耗时多的复杂工作报酬偏低，而那些做着简单工作的新雇员却得到高收入。职工的不满情绪日益增加，2 个月内，有 3 个职工离开了该部门。后来，公司对艺术部的工作进行了重新设计，共分成两个组：普通艺术照组和婚礼肖像组，每个组由一名熟练工人任组长，负责分工和训练新工人，除了刚来的新人，每个工人对自己的工作质量负责，一旦出现错误直接返回给本人，主管不再负责修复，加工过程出现问题时员工直接与顾客协商，工资支付方式在原有数量基础上乘以工作难度系数，工作难度越高，系数也越大，工资也越高。这些改变使艺术部的月产量增加了 30%，质量也大大提高，工人也能安心工作了。

问题：

（1）该摄影公司是如何进行工作设计的？

（2）工作设计后，会有什么样的结果？

全真模拟演练（五）参考答案及解析

一、单项选择题（本大题共 20 小题，每小题 1 分，共 20 分）

1. C	2. D	3. C	4. D	5. B
6. A	7. C	8. D	9. B	10. C
11. C	12. B	13. A	14. A	15. C
16. D	17. D	18. D	19. C	20. B

二、多项选择题（本大题共 10 小题，每小题 2 分，共 20 分）

21. ABCE	22. ABCDE	23. ABCDE	24. BC	25. ABCDE
26. ABD	27. ABCDE	28. BE	29. ABCDE	30. BCDE

三、名词解释（本大题共 3 小题，每小题 3 分，共 9 分）

31. 关键事件法是一种由工作分析专家、管理者或工作人员在大量搜集与工作相关信息的基础上详细记录其中关键事件及具体分析其岗位特征和要求的工作分析方法。(3 分)

32. 工作规范又称岗位规范或任职资格，是指任职者要胜任该项工作必须具备的资格与条件。工作规范是工作说明书的重要组成部分。(3 分)

33. 工作设计是指为了有效地达到组织目标与满足个人需求而进行的工作内容、工作职能和工作关系的设计。(3 分)

四、简答题（本大题共 5 小题，每小题 5 分，共 25 分）

34. (1) 职能工作分析法的优点是：第一，任务描述详细；(1 分) 第二，等级划分清楚。(1 分)

(2) 职能工作分析法的缺点是：第一，费时费力；(1 分) 第二，缺乏背景信息；(1 分) 第三，操作复杂，难以把握。(1 分)

35. (1) 确保组织任务的顺利完成。(1 分)

(2) 有助于发挥人的能力，提高组织效率。(2 分)

(3) 明确岗位职责。(1 分)

(4) 应考虑现实的可能性。(1 分)

36. (1) 要运用科学的技术方法对评价指标进行测定。(1 分)

(2) 要运用系统论的思想对测定工作进行全面考虑。(1 分)

(3) 各个部门、各个方面的专业人员要协同合作。(1 分)

(4) 评价人员要有认真负责的科学精神。(1 分)

(5) 工作评价必须是动态的。(0.5 分)

(6) 工作评价应该公开化。(0.5 分)

37. (1) 了解受训员工现有的全面信息。(0.5 分)

（2）确定员工的知识、技能需求。（0.5 分）

（3）明确培训的主要内容。（0.5 分）

（4）提供培训材料。（0.5 分）

（5）了解员工对培训的态度。（0.5 分）

（6）可以获取管理者的支持。（0.5 分）

（7）有利于估算培训的成本。（0.5 分）

（8）避免时间和金钱的浪费。（0.5 分）

（9）使培训做到量体裁衣。（0.5 分）

（10）提供测量培训效果的依据。（0.5 分）

38.（1）生活费用水平。（1 分）

（2）企业的薪酬负担能力。（1 分）

（3）当地通行的薪酬标准。（1 分）

（4）劳动力市场供求状况。（1 分）

（5）企业所处的阶段特点。（0.5 分）

（6）企业文化和战略。（0.5 分）

五、论述题（本大题共 2 小题，每小题 8 分，共 16 分）

39.（1）系统性原则。（1 分）系统是指由一群有关联的个体组成，根据预先编排好的规则工作，具有特定结构和功能，能完成个别元件不能单独完成的工作的群体。（1 分）

（2）动态性原则。（1 分）动态性原则就是要求将环境变化因素、企业战略及特定工作的未来发展趋势纳入工作分析当中，以期充分适应企业的未来发展和需求。（0.5 分）

（3）能级原则。（1 分）能级代表着岗位在企业中的相对价值。岗位的功能越大、地位越重要，其能级就越高，体现出其在企业中的相对价值就越大。（0.5 分）

（4）标准化原则。（1 分）工作分析中的标准化原则指的是工作分析的内容、方法、程序、因素、指标的标准化，并且在工作分析基础上形成的人事管理文件也要标准化。（0.5 分）

（5）最优化原则。（1 分）最优化原则又称为经济性原则。不但是指工作分析方法、程序在成本-效益方面最优化，而且也要求岗位设置、岗位职责的分配最优化，实现企业资源的最高效率的优化配置。（0.5 分）

40. 问卷法工作分析程序主要包括问卷设计、问卷测试、问卷发放、问卷回收及归档 5 个环节。

（1）问卷设计是问卷法工作分析程序中最重要的一个环节，问卷设计的好与坏直接影响工作分析成果的质量。（2 分）

（2）在正式发放问卷之前，选取局部岗位的员工填写初步拟定的调查问卷，从而发现问卷存在的问题并及时修订和补充，使问卷进一步完善。（2 分）

（3）在合适的时间和地点将准备好的问卷发放给被调查者，向被调查者介绍工作分析的目的及意义，说明填写调查问卷应该注意的事项和被调查者容易产生疑虑的地方，鼓励被调查者客观、真实地填写问卷，及时解答被调查者在填写问卷过程中提出的问题。（2 分）

(4) 被调查者完成问卷填写后要及时将问卷收回，剔除回收问卷中的不合格问卷或重新进行调查。(1分)

(5) 将同一岗位的调查问卷合并归档，以便比较、分析和提炼工作信息。(1分)

六、案例分析（本题10分）

41. (1) 该摄影公司艺术部基于这样的原则来进行工作设计的：

第一，采用工作专门化的方式，将艺术部根据工作任务的不同，分为两个组。每个组的组长从具体的工作任务中脱离出来，专司分工和训练新员工。(3分)

第二，采用工作丰富化和扩大化的方式，让每个员工负责一整项工作，既便于管理，又便于克服计酬方面出现的不平等。(2分)

(2) 采用这种设计方式后，极大地提高了员工的工作各级性，取得了很好的效果：

第一，每个员工负责一项完整的工作，便于管理，克服了相互推诿。(2分)

第二，引入了工作难度系数，解决了同工不同酬的问题，调动了工作积极性。(2分)

第三，管理人员从烦琐的具体事务中脱离出来，极大地提高了管理效率。(1分)

全真模拟演练（六）

（考试时间150分钟）

总分		题号	一	二	三	四	五	六
核分人		题分	20	20	9	25	16	10
复查人		得分						

一、单项选择题（本大题共20小题，每小题1分，共20分。在每小题列出的四个备选项中只有一个是符合题目要求的，请将其代码填写在题后的括号内。错选、多选或未选均无分）

1. 系统的工作分析最早出现在（　　）。

A. 英国　　B. 德国

C. 美国　　D. 中国

2. 赛迪·范提出的职能工作分析方法，非常清楚的阐述了企业内部关于工作与人的一些理论，该理论的假设前提不包括（　　）。

A. 对任务中人的关注　　B. 技能划分

C. 任务的系统性　　D. 工作范围的划分

3. 当我们对某类特定专业技术人员进行研究的时候，应该采取（　　）的工作分析系统。

A. 人员导向型　　B. 技术导向型

C. 专业导向型　　D. 混合导向型

4. （　　）是对工作的目的、职责、任务、权限及对任职者的资格要求等的书面描述。

A. 工作说明书　　B. 工作规划书

C. 工作分析书　　D. 工作计划书

5. 定编定员应围绕着（　　）目标进行。

A. 企业管理效率　　B. 企业管理成本

C. 企业生产经营　　D. 企业生产成本

6. 使员工感到不满的且属于工作环境或工作关系方面的事情叫（　　）。

A. 消极因素　　B. 保健因素

C. 抑制因素　　D. 激励因素

7. （　　）是一种将各种岗位放入事先确定好的不同工作等级之中的一种工作评价方法。

A. 分类法　　B. 排列法
C. 等级法　　D. 序列法

8. 工作分析作为一种活动，主体是工作分析者，对象是工作，对象不包括（　　）。
A. 组织体系　　B. 工作责任
C. 工作技能　　D. 工作心理

9. 组织的人力资源规划始于组织的（　　）。
A. 调查分析　　B. 战略规划
C. 比较分析　　D. 预测规划

10. 在岗位候选人的选拔方法中，（　　）能最直接了解应聘者的有关信息。
A. 证明材料与履历核实　　B. 笔试
C. 面试　　D. 认知能力测试

11. 在绩效管理中，（　　）是设定绩效指标的基础。
A. 工作描述　　B. 工作分析
C. 工作岗位　　D. 工作指标

12. （　　）是确定薪酬的基础。
A. 工作描述　　B. 岗位特点
C. 工作分析　　D. 员工能力

13. （　　）是某一时期内某一主体担负的一项或几项相互联系的职责集合。
A. 要素　　B. 任务
C. 职责　　D. 职位

14. 将工程师的效率目标和心理学的研究目标结合起来，应用于工作分析的是（　　）。
A. 泰勒　　B. 汤普森
C. 芒斯特伯格　　D. 吉尔布雷斯夫妇

15. 以下不属于工作分析要素的是（　　）。
A. 工作责任　　B. 工作状态
C. 工作技能　　D. 工作环境

16. 主管人员分析方法常常会存在一些偏差，一般采取与（　　）相结合的方法可以有效地消除这种偏差。
A. 访谈法　　B. 观察分析法
C. 工作者自我记录法　　D. 工作实践分析法

17. 工作评价自成一个系统，评价各个环节环环相扣，相辅相成，体现了工作评价的哪一个原则（　　）。
A. 能级对应原则　　B. 优化原则
C. 系统原则　　D. 实用原则

18. （　　）就是将工作细分为好几个报酬因素，然后分别评价每一个因素，再将个别评价予以加总，以获得工作的价值。
A. 职位分类法　　B. 评分法
C. 排序法　　D. 要素比较法

19. 有关海氏评价说法正确的是（　　）。

A. 实质是要素比较法　　B. 实质是评分法
C. 主要用于生产类的岗位　　D. 不能将不同部门之间的不同职位进行比较

20. 智能水平维度不包括（　　）。
A. 行动的自由度　　B. 专业理论
C. 管理诀窍　　D. 人际技巧

二、多项选择题（本大题共 10 小题，每小题 2 分，共 20 分。在每小题列出的五个备选项中至少有两个是符合题目要求的，请将其代码填写在题后的括号内。错选、多选或未选均无分）

21. 在传统工作分析方法中，观察法的种类有（　　）。
A. 直接观察法　　B. 阶段观察法
C. 工作表演法　　D. 间接观察法
E. 周期观察法

22. 海氏计划可用于（　　）。
A. 管理工作的开发　　B. 人员安置和招募
C. 工作评价　　D. 绩效管理
E. 组织分析

23. 为了科学编写工作说明书，应注意（　　）等方面。
A. 高层的支持和认可　　B. 员工的参与和配合
C. 逐步分层实施　　D. 使用规范用语
E. 建立动态管理机制

24. 工作设计的要求是（　　）。
A. 确保组织任务的顺利完成
B. 明确工作任务
C. 有助于发挥人的能力，提高工作效率
D. 明确岗位职责
E. 应考虑现实的可能性

25. 工作设计的改进涉及组织中的各种因素，主要包括（　　）。
A. 职责　　B. 任务
C. 技术　　D. 结构
E. 人员

26. 影响组织人力资源需求的因素包括（　　）。
A. 组织内部因素　　B. 组织外部因素
C. 人力资源供给因素　　D. 人力资源自身因素
E. 不可抗力因素

27. 员工培训方案设计的原则包括（　　）。
A. 明确培训目标　　B. 了解受训者情况
C. 知识性与趣味性相结合　　D. 注重实际体验
E. 考虑个体差异与反馈

28. 对于绩效评估人员的选择，一般有（　　）。
A. 直接上级　　B. 同事
C. 被评估者本人　　D. 直接下级
E. 其他相关人员

29. 实现全面发展的人力资源配置应做到（　　）。
A. 每个人根据自己的才能，只做一件工作
B. 不同的工作岗位配置要有差异性
C. 让员工从事其最适合的工作，以取得最佳的工作效果
D. 工作者进行适当流动，在流动中获得能力的全面发展，在流动中找到自己最适合的工作
E. 让员工在能力范围之内做自己的工作

30. 问卷调查法的质量取决于（　　）。
A. 问卷回收过程的合理有效性
B. 问卷本身的设计是否科学合理
C. 被调查者文化水平的高低
D. 被调查者填写问卷的诚意、兴趣和态度
E. 问卷作答时是否做出具体的说明和指导

三、名词解释（本大题共 3 小题，每小题 3 分，共 9 分）

31. 面谈法

32. 工作设计

33. 评分法

四、简答题（本大题共5小题，每小题5分，共25分）

34. 简述传统的工作分析方法。

35. 简述工作评价的基本功能。

36. 简述因素比较法的优缺点。

37. 简述知识型员工的特点。

38. 简述工作设计的一般步骤。

五、论述题（本大题共2小题，每小题8分，共16分）

39. 试述工作分析在人力资源管理中的应用。

40. 试述工作设计的基本原则。

六、案例分析（本题 10 分）

41. 某高新技术企业周老板组织高层管理人员会议，高管人员一致认为：目前，公司的中层因为是老员工，专业技术过硬，由于学历低，综合素质差，都很难承接公司的工作目标分解，执行力普遍较差。但是，作为一家在业内有影响力的公司，不可能把中层干部全部换掉。大家讨论，目前最好通过培训提高中层管理人员的管理水平。

问题：

（1）确定培训需求有哪些步骤？

（2）应如何设计培训方案？

全真模拟演练（六）参考答案及解析

一、单项选择题（本大题共 20 小题，每小题 1 分，共 20 分）

1. C	2. D	3. A	4. A	5. C
6. B	7. A	8. D	9. B	10. C
11. A	12. C	13. D	14. A	15. B
16. C	17. C	18. B	19. B	20. A

二、多项选择题（本大题共 10 小题，每小题 2 分，共 20 分）

21. ABC	22. ABCDE	23. ABCDE	24. ACDE	25. BCDE
26. ABD	27. ABCDE	28. ABCDE	29. CD	30. BCD

三、名词解释（本大题共 3 小题，每小题 3 分，共 9 分）

31. 面谈法是指工作分析人员就某一职务或者职位面对面地询问任职者、主管、专家等对工作的意见和看法，是目前企业运用最广泛、最成熟并且最有效的工作分析方法。(3 分)

32. 工作设计是指为了有效地达到组织目标与满足个人需求而进行的工作内容、工作职能和工作关系的设计。(3 分)

33. 评分法也称为点数法，是在选定岗位主要影响因素的基础上，采用一定的分值（点数）表示每一因素，并按预先规定的衡量标准，对现有岗位的各个因素逐一评比、估价，求得分值，然后将岗位每项因素的分值加总，最后得到各个岗位的总分值，并作为判定不同工作相对价值大小的依据。(3 分)

四、简答题（本大题共 5 小题，每小题 5 分，共 25 分）

34. (1) 面谈法。(1 分)

(2) 问卷法。(1 分)

(3) 工作日志法。(1 分)

(4) 观察法。(0.5 分)

(5) 主管人员分析法。(0.5 分)

(6) 资料分析法。(0.5 分)

(7) 主题专家会议法。(0.5 分)

35. (1) 以量值表现岗位的特征。(1.5 分)

(2) 比较岗位价值的大小。(1.5 分)

(3) 为实现薪酬管理的内部公平公正提供依据。(2 分)

36. 因素比较法的优点：

(1) 评定结果较为公平。因素比较法把各种不同工作中的相同因素相互比较，然后再将各因素的工资累计，减少了主观性。(1 分)

(2) 耗费时间少。进行评定时，所选定的影响因素较少，从而避免了重复，简化了评价工作的内容，缩短了评价时间。(1分)

(3) 减少了工作量。由于因素比较法事先确定标准岗位的系列等级，然后以此为基础，分别对其他各类岗位进行评定，大大减少了工作量。(1分)

因素比较法的缺点：

(1) 各影响因素在岗位价值中所占的百分比，完全是评价人员的主观判断，这必然影响评定的准确性、客观性。(1分)

(2) 操作起来相对比较复杂，而且很难对员工们做出解释，尤其是对各因素的工资分配有时候很难说明其理由。(1分)

37. (1) 个性特点：①自主意识强；(0.5分) ②注重自我价值的实现；(0.5分) ③藐视行政权力；(0.5分) ④流动性大。(0.5分)

(2) 工作特点：①工作具有创造性；(1分) ②工作过程难以控制；(1分) ③工作成果很难衡量。(1分)

38. (1) 需求分析。(1分)

(2) 可行性分析。(1分)

(3) 评估工作特征。(1分)

(4) 制订工作设计方案。(1分)

(5) 评价与推广。(1分)

五、论述题（本大题共2小题，每小题8分，共16分）

39. (1) 工作分析是指将企业中所有工作按其性质（如任务的繁简难易程度、责任大小、所需的资格条件等）进行分析比较，制定出工作说明书等人事管理文件，并根据一定的标准和程序进行归类，以作为招聘、考核、培训、晋升、确定薪酬的基本依据。(3分)

(2) 工作分析在人力资源管理中的应用包括：工作设计与再造；(1分) 任职资格确认；(0.5分) 员工招聘；(0.5分) 员工培训；(0.5分) 绩效评价；(0.5分) 薪酬管理；(0.5分) 人力资源规划；(0.5分) 职业生涯规划；(0.5分) 劳动安全。(0.5分)

40. (1) 效率原则。(1分) 工作设计应使工作活动具有更高的输出效率，有效地改进、提高工作效率，通过良好的工作设计，使组织成员更好地明确工作职责与分工范畴，形成良好的工作协调与合作关系，提高组织的有序性、均衡性与连续性，创建符合员工个体特征的工作活动模式，促进员工能力的充分发挥。(2分)

(2) 工作生活质量原则。(1分) 工作生活质量体现了员工与工作中各方面之间的关系，反映了员工生理与心理需要在工作中得到满足的程度。工作生活质量的提高，可使员工对工作产生更为满意与向往的心情，增强归属感，并由此形成良好的组织气氛，提高组织的活动效能。(2分)

(3) 系统化设计原则。(1分) 工作设计是一项复杂的系统工程，工作设计应充分考虑工作中各个方面的影响，包括组织体系、工艺技术、管理方式、工作者、工作环境等。(1分)

六、案例分析（本题 10 分）

41.（1）确定培训需求步骤：

第一，根据组织战略目标需要确定需进行分析的工作。（1 分）

第二，根据该工作岗位的工作说明书列出基本的任务及完成这些任务所需技能、知识的清单。（1 分）

第三，列出员工完成每一项工作任务的具体步骤。（1 分）

第四，根据内外部环境的变化重新确认工作任务和所需技能。（1 分）

第五，为各工作岗位制定针对培训需求分析的调查表，通过让员工填写这些表格，可以收集到关于培训的有关资料。（1 分）

（2）设计培训方案应坚持以下原则：①明确培训目标；（1 分）②了解受训者情况；（1 分）③知识性与趣味性相结合；（1 分）④注重实际体验；（1 分）⑤考虑个体差异；（0.5 分）⑥反馈。（0.5 分）